高等职业教育计算机类专业新形态教材

网络安装与综合布线

主　编　张　平

副主编　孟宪华　雷学智

参　编　杨　东

北京理工大学出版社

BEIJING INSTITUTE OF TECHNOLOGY PRESS

内 容 提 要

本书从计算机网络技术专业技能需要出发,将网络安装与综合布线课程内容与实训技能相结合,以综合布线工程实用技术为重点,介绍了布线工程的规划设计、安装施工、工程管理、招标投标等内容,简明扼要地介绍了理论知识、操作技能,内容好学易懂。

本书突出理论知识与实践操作相结合,实训内容与岗位技能相结合,每个单元的练习题均可作为考取1+X证书即综合布线系统安装与维护职业技能等级证书复习资料的参考。此外,全书配套视频讲解与实操视频演示、动画效果展示等,利用多种丰富的教学资源实现教师轻松教学、学生愉快掌握的效果。

本书适用于计算机网络、计算机应用类专业课的教学,也可作为综合布线工程设计等相关专业技术人员的参考用书。

版权专有 侵权必究

图书在版编目(CIP)数据

网络安装与综合布线/张平主编. -- 北京:北京
理工大学出版社,2023.1(2023.2重印)
ISBN 978-7-5763-1863-0

Ⅰ.①网… Ⅱ.①张… Ⅲ.①计算机网络-安装②计
算机网络-布线 Ⅳ.①TP393

中国版本图书馆CIP数据核字(2022)第222748号

出版发行/北京理工大学出版社有限责任公司
社　　址/北京市海淀区中关村南大街5号
邮　　编/100081
电　　话/(010)68914775(总编室)
　　　　　(010)82562903(教材售后服务热线)
　　　　　(010)68944723(其他图书服务热线)
网　　址/http://www.bitpress.com.cn
经　　销/全国各地新华书店
印　　刷/河北鑫彩博图印刷有限公司
开　　本/787毫米×1092毫米　1/16
印　　张/13　　　　　　　　　　　　　责任编辑/钟　博
字　　数/303千字　　　　　　　　　　　文案编辑/钟　博
版　　次/2023年1月第1版　2023年2月第2次印刷　责任校对/刘亚男
定　　价/42.00元　　　　　　　　　　　责任印制/王美丽

图书出现印装质量问题,请拨打售后服务热线,本社负责调换

　　《国家职业教育改革实施方案》提出，在职业教育中倡导使用新型活页式教材。这不单纯要求教材在形式上有变化，更造成教材理念、内容和形式的深刻变革，同时要求结合新时代职业教育的新特点、新要求，让教材真正"活"起来，更好地为职业教育高质量发展服务，更好地为培育高素质技术技能型人才服务。

　　教材理念要"活"，要以学生为中心。职业教育作为类型教育，近年来招生规模迅速扩大，生源呈现多元化、多样化的特点，教材建设要适应这一形势变化，积极贯彻落实《职业院校教材管理办法》的要求，坚持以学生为中心，以立德树人为本，以服务学生为本，以务求实效为本，以变应变。

　　针对高职教学的特点，我们组织了具有丰富教学经验的骨干教师，以及具有丰富实践经验的企业工程师，对高职院校和企业进行调研，综合多种教材模式，编写了本书。在教材建设的同时，我们积极开发教材资源，包括讲解视频、实操视频、动画视频、思政视频等，以帮助读者了解网络安装与综合布线的学习内容，实现教中学、学中做的目标。

　　本书共分为五个学习项目，每个项目包括"项目描述""项目目标""项目任务""项目知识储备""项目实施""项目总结""项目习题"七个内容，将知识技能点贯穿项目，为职业岗位所需的知识和技能提供有效参考。教材的学时分配建议如下。

项目名称	建议学时
项目一　教学楼网络布线设计	8
项目二　网络配线端接工程技术	20
项目三　网络综合布线系统的设计与施工	20
项目四　网络综合布线系统工程管理	8
项目五　网络综合布线系统工程招标投标	8
总　计	64

　　本书由辽宁建筑职业学院张平担任主编，孟宪华、雷学智担任副主编，参与编写的还有辽宁中盛安全防范工程有限公司的杨东。

　　本书在编写过程中参考了许多文献资料和相关教材，主要包括王公儒主编的《网络综合布线系统工程技术实训教程》，王磊、王彬主编的《信息网络布线教程》，林梦圆主编的《网络与综合布线系统工程技术》等，在此表示感谢。

　　由于编者水平有限，时间仓促，书中难免有疏漏和不足之处，敬请广大专家、同行、读者批评指正。

编　者

网络安装与综合
布线配套资源

目录

项目一
教学楼网络布线设计

项目描述

本项目从网络综合布线系统的基本概念、网络综合布线系统的组成与构成、常用标准等方面进行介绍，通过布线图纸的绘制、信息点点数统计表的编制、信息点端口对应表的编制开展项目实施，使学生对综合布线有一个初步的认识和了解。

项目目标

1.了解网络综合布线技术的发展、网络综合布线技术的七个子系统、网络综合布线系统现行标准体系组织结构、信息点端口对应表的意义。

2.掌握网络综合布线系统的基本概念、布线子系统的划分、网络综合布线系统主要的中国标准、综合布线图纸设计的规范。

3.能够绘制综合布线施工图纸，利用 Excel 完成信息点点数统计表和端口对应表的制作。

4.培养耐心细致的学习态度、自主学习能力、团结协作能力、规范意识及认真负责的工作作风。

项目任务

本项目的主要任务是完成教室信息点布线图纸设计，根据网络综合布线工程示意图完成教室信息点点数统计表设计，编制信息点端口对应表。

◎ 项目知识储备

一、网络综合布线系统

（一）网络综合布线技术的发展

计算机网络的发展与计算机的发展一同起步。近年来，随着数字化城市和智能化建筑的快速发展和普及，网络综合布线系统已经成为每栋建筑物的重要组成部分。相关技术标准不断完善，大力促进了网络综合布线技术的发展和应用。

1985 年年初，中国计算机行业协会（CCIA）提出对大楼布线系统标准化的倡议，美国电子工业协会（EIA）和美国通信工业协会（TIA）开始标准化制定工作。

1991 年 7 月，ANSI/EIA/TIA568，即《商业大楼电信布线标准》问世，同时，与布线通道及空间、管理、电缆性能及连接硬件性能等有关的相关标准也同时推出。

1995 年年底，EIA/TIA568 标准正式更新为 EIA/TIA/568A，同时，国际标准化组织（ISO）推出相应标准 ISO/IEC 11801。

1997 年，TIA 出台 6 类布线系统草案，同时，基于光纤的千兆网络标准推出。

1999 年至今，TIA 又陆续推出了 6 类布线系统正式标准。

网络综合布线是在 20 世纪 90 年代初传入我国的，随着我国政府大力加强基础设施的建设，市场需求在不断扩大，庞大的市场需求促进了该产业的快速发展。特别是 2007 年 10 月 1 日开始实施的《综合布线系统工程设计规范》（GB 50311—2007）和《综合布线系统工程验收规范》（GB 50312—2007）两个国家标准，对网络综合布线系统工程的设计、施工、验收、管理等提出了具体要求和规定，大力促进了网络综合布线系统在我国的应用和发展。同时，中国工程建设标准化协会信息通信专业委员会从 2008 年开始制定网络综合布线类技术白皮书，于 2008 年 7 月制定并发布了《数据中心布线系统设计与施工技术白皮书》，于 2010 年 10 月对其进行了修订，正式发布为《数据中心布线系统工程应用技术白皮书》，于 2008 年 10 月制定了《光纤配线网络系统的设计与施工检测技术白皮书》，于 2009 年 6 月制定并发布了《综合布线系统的管理与运行维护技术白皮书》和《屏蔽布线系统的设计与施工检测技术白皮书》。

现在执行的国家标准为《综合布线系统工程设计规范》（GB 50311—2016）和《综合布线系统工程验收规范》（GB/T 50312—2016），这两个标准均于 2016 年 8 月 26 日发布，于 2017 年 4 月 1 日开始实施。

（二）网络综合布线系统的基本概念

网络综合布线系统是指用数据和通信电缆、光缆、各种软电缆及有关连接硬件构成的通用布线系统，也是能支持语音、数据、影像和其他信息技术的标准应用系统。

网络综合布线是集成网络系统的基础，它能够支持数据、语音及图像等的传输要求，是计算机网络和通信系统的支撑环境。同时，作为开放系统，网络综合布线系统也为其他系统的接入提供了有力的保障。

网络综合布线系统
的基本概念

网络综合布线系统是为了顺应发展需求而特别设计的一套布线系统。对于现代化大楼来说，它就如体内的神经，采用了一系列高质量的标准材料，以模块化的组合方式，把语音、数据、图像和部分控制信号系统用统一的传输媒介进行综合，经过统一的规划设计，综合在一套标准的布线系统中，将现代建筑的三大子系统有机地连接起来，为现代建筑的系统集成提供了物理介质。可以说，结构化布线系统的成功与否直接关系到现代化大楼的成败，选择一套高品质的网络综合布线系统是至关重要的。

（三）网络综合布线系统在我国的发展过程

网络综合布线系统的技术、标准、产品的推广应用在我国已有 20 多年的历史，从整个发展过程来看，网络综合布线系统对智能建筑的兴起与发展起到了积极的推动作用。网络综合布线系统作为建筑物的基础设施，为建筑物内的信息网络及各种机电设备系统信息的传递提供了宽带的传输通道，已成为智能建筑必备的重要组成部分。

网络综合布线系统在我国的整个发展过程大致经过以下 4 个阶段。

（1）第一个阶段为引入、消化吸收期。1992—1995 年，国际著名通信公司、计算机网络公司推出了结构化综合布线系统，并将结构化综合布线系统的理念、技术、产品带入我国。网络技术有 10 Mbit/s 星型以太网、16 Mbit/s 令牌环网以及总线式的粗细缆同轴网等，采用 TIA/EIA 568 标准。由于当时的工程造价高，用户应用很少。

（2）第二个阶段为推广应用期。1995—1997 年，我国开始广泛推广应用网络技术和关注工程质量。网络技术更多地采用 10/100 Mbit/s 以太网和 100 Mbit/s FDDI 光纤网，基本上淘汰了总线型和环型网络。

（3）第三个阶段为快速发展期。1997—2000 年，人们在 10/100 Mbit 以太网的基础上，提出 1 000 Mbit/s 以太网的概念和标准。人们认识到网络综合布线系统是智能建筑的基础，与信息网络关系密切，主要侧重于电话、数据、图文、图像等多媒体综合网络传输的建设，综合布线工程的应用也从一个建筑物扩展至建筑群和住宅小区。

（4）第四个阶段为高端综合布线系统应用和发展期。从 2000 年至今，计算机网络技术继续迅速发展，千兆以太网标准出台，超 5 类、6 类布线产品普遍应用，光纤产品开始广泛应用。

二、网络综合布线工程的常用标准

标准的制定是为了在一定的范围内获得最佳秩序，对实际的或潜在的问题制定共同的和重复使用的规则的活动。标准实际是科学、技术和实践经验的总结。对于网络综合布线行业来说，标准确定了一个可以支持多品种、多厂家的商业建筑的网络综合布线系统，同时也提供了为商业服务的电信产品的设计方向。即使对随后安装的电信产品不是很了解，标准也可以帮助设计者对产品进行设计和安装。在建筑建造和改造过程中进行布线系统的安装比建筑落成后进行布线系统的安装要大大节省人力、物力、财力。标准确定了各种各样布线系统配置的相关元器件的性能和技术规范。为了获得多

网络综合布线系统
工程技术常用标准

功能的布线系统，相关部门已对大多数电信业务的性能要求进行了审核。随着网络综合布线系统技术的不断发展，与之相关的国内和国际标准也更加规范化、标准化和开放化。国际标准化组织（ISO）和国内标准化组织都在努力制定更新的标准以满足技术和市场的需求，标准的完善也使市场更加规范。

我国网络综合布线系统标准的主管部门为工业和信息化部，批准部门为住房和城乡建设部，具体由中国工程建设标准化协会信息通信专业委员会综合布线工作组负责编制。

（一）网络综合布线系统的主要国标标准

国际综合布线标准为 ISO 发布的 EIA/TIA568。此标准的实施日期是 2000 年 1 月 1 日，颁发日期是 2000 年 1 月 1 日，该标准确定了一个可以支持多品种、多厂家的商

业建筑的网络综合布线系统，也提供了为商业服务的电信产品的设计方向。业务的多样化及新业务的不断出现会对所需性能做某些限制。用户为了了解这些限制应知道所需业务的标准。

最早的网络综合布线系统标准起源于美国。1991 年，美国国家标准协会制定了TIA/EIA568 民用建筑线缆标准，经改进后于 1995 年 10 月正式将 TIA/EIA568 修订为 TIA/EIA568A 标准。国际标准化组织 / 国际电工技术委员会（ISO/IEC）于 1988 年开始，在美国国家标准协会制定的有关综合布线标准的基础上进行修改，于 1995 年7 月正式公布《信息技术——用户建筑物综合布线》［ISO/IEC 11801：1995（E）］，作为国际标准，供各个国家使用。随后，英国、法国、德国等国联合于 1995 年 7 月制定了欧洲标准（EN 50173），供欧洲一些国家使用。

目前常用的综合布线国际标准是国际布线标准《信息技术——用户建筑物综合布线》［ISO/IEC 11801：1995（E）］。

国际标准 ISO/IEC 11801 是由联合技术委员会 ISO/IEC JTC1 的 SC 25/WG 3 工作组在 1995 年制定发布的，这个标准把有关元器件和测试方法归入国际标准。

目前该标准有以下三个版本。

ISO/IEC 11801：1995；

ISO/IEC 11801：2000；

ISO/IEC 11801：2000+。

ISO/IEC 11801 的修订稿 ISO/IEC 11801：2000 修正了对链路的定义。此外，该标准还规定了永久链路和通道的等效远端串扰 ELFEXT、综合近端串扰、传输延迟。修订稿还提高了近端串扰等传统参数的指标。

另外，ISO/IEC 推出第 2 版的 ISO/IEC 11801 规范 ISO/IEC 11801：2000+。这个新规范定义了 6 类、7 类布线的标准，为布线技术带来革命性的影响。第 2 版的 ISO/IEC 11801 规范将把 5 类 D 级的系统按照超 5 类重新定义，以确保所有的 5 类系统均可运行千兆位以太网。更为重要的是，6 类和 7 类链路在这一版的规范中定义。网络综合布线系统的电磁兼容性（EMC）问题也在新版的 ISO/IEC 11801 中考虑。

（二）网络综合布线其他相关标准

在网络综合布线工程设计中，不但要遵守网络综合布线相关标准，还要结合电气防护及接地、防火等标准进行规划、设计。这里简单介绍一些接地和防火等标准。

1. 电气防护、机房及防雷接地标准

在综合布线时，需要考虑线缆的电气防护和接地，综合布线电缆与附近可能产生高电平电磁干扰的电动机、电力变压器、射频应用设备等电气设备之间应保持必要的间距。

（1）综合布线电缆与附近可能产生高电平电磁干扰的电动机、电力变压器、射频应用设备等电气设备之间应保持必要的间距。

（2）网络综合布线系统线缆与配电箱的最小净距宜为 1 m，与变电室、电梯机房、空调机房之间的最小净距宜为 2 m。

（3）墙上敷设的综合布线线缆及管线与其他管线的间距应符合表 1–1 的规定。

当墙壁电缆敷设高度超过 6 m 时，与避雷引下线的交叉间距（S）应按下式计算：

$$S \geq 0.05 L$$

表 1-1　综合布线线缆及管线与电力电缆的间距

类别	与综合布线接近状况	最小间距 /mm
380 V 电力电缆（≤ 2 kV · A）	与线缆平行敷设	130
	与一方在接地的金属线槽或钢管中	70
	双方都在接地的金属线槽或钢管中	10
380 V 电力电缆（2 ～ 5 kV · A）	与线缆平行敷设	300
	有一方在接地的金属线槽或钢管中	150
	双方都在接地的金属线槽或钢管中	80
380 V 电力电缆（>5 kV · A）	与线缆平行敷设	600
	有一方在接地的金属线槽或钢管中	300
	双方都在接地的金属线槽或钢管中	150

（4）网络综合布线系统应根据环境条件选用相应的线缆和配线设备，或采取防护措施。

（5）在电信间、设备间及进线间应设置楼层或局部等电位接地端子板。

（6）网络综合布线系统应采用共用接地的接地系统，如单独设置接地体时，接地电阻不应大于 4 Ω。网络综合布线系统的接地系统中存在两个不同的接地体时，其接地电位差不应大于 1 Vr.m.s。

（7）楼层安装的各个配线柜（架、箱）应采用适当截面的绝缘铜导线单独布线至就近的等电位接地装置，也可采用竖井内等电位接地铜排引到建筑物共用接地装置，铜导线的截面应符合设计要求。

（8）线缆在雷电防护区交界处，屏蔽电缆屏蔽层的两端应做等电位连接并接地。

（9）综合布线的电缆采用金属线槽或钢管敷设时，线槽或钢管应保持连续的电气连接，并应有不少于两点的良好接地。

（10）当线缆从建筑物外面进入建筑物时，电缆和光缆的金属护套或金属件应在入 EI 处就近与等电位接地端子板连接。

2.防火标准

在网络综合布线工程设计中，不但要遵守网络综合布线相关标准，还要结合电气防护及接地、防火等标准进行规划、设计。

（三）智能建筑与智能小区的相关标准与规范

在国内，网络综合布线的应用可以分为建筑物、建筑群和智能小区。许多布线项目与智能大厦集成项目、网络集成项目和智能小区集成项目密切相关，因此集成人员还需要了解智能建筑及智能小区方面的新标准与规范。工业和信息化部、住房和城乡建设部一直在做这方面标准的起草和制定工作，已出台或正在制定中的标准与规范如下。

（1）《智能建筑设计标准》（GB 50314-2015），强制性国家标准，自 2015 年 11 月 1 日起施行；

（2）《智能建筑弱电工程设计施工图集》（97X700），于 1998 年 4 月 16 日施行，统一编号为 GJBT-471；

（3）《城市住宅建筑综合布线系统工程设计规范》（CECS 119—2000）；

（4）《城市居住区规划设计标准》（GB 50180—2018）；

（5）《住宅设计规范》（GB 50096—2011）；

（6）《会议电视系统工程设计规范》（YD/T 5032—2018）；

（7）《民用建筑电气设计标准》（GB 51348—2019）；

（8）《绿色生态住宅小区建设要点与技术导则》；

（9）《居住小区智能化系统建设要点与技术导则》；

（10）《居住区智能化系统配置与技术要求》（CJ/T 174—2003）；

（11）《北京市住宅区与住宅楼房电信设施设计技术规定》（DBJ01—601—1999）；

（12）上海市标准《智能建筑设计标准》（DB J08—47—1995）；

（13）《上海市智能住宅小区功能配置试点大纲》；

（14）《上海市住宅小区智能化系统工程验收标准》；

（15）《深圳市建筑智能化系统等级评定方法》；

（16）《江苏省建筑智能化系统工程设计标准》（DB 32/181—1998）；

（17）《天津市住宅建设智能化技术规程》（DB/T 29-23—2016）；

（18）《四川省智能建筑设计规范》（PBJ 51/T053—2015）；

（19）福建省《建筑智能化系统工程设计标准》（DBJ 13-32—2000）。

（四）中国网络综合布线系统国家标准

在网络综合布线系统工程的图纸设计、施工、验收和维护等日常工作中，工程技术人员大量应用许多符号和缩略词，因此掌握这些符号和缩略词对于识图和读懂技术文件非常重要，表 1-2 所示为《综合布线系统工程设计规范》（GB 50311—2016）对符号和缩略词的规定。

表 1-2　对符号和缩略词的规定（GB 50311—2016）

英文缩写	英文名称	中文名称或解释
ACR	Attenuation to Crosstalk Ratio	衰减串音比
BD	Building Distributor	建筑物配线设备
CD	Campus Distributor	建筑群配线设备
CP	Consolidation Point	集合点

续表

英文缩写	英文名称	中文名称或解释
dB	dB	电信传输单元：分贝
d.c.	Direct Current loop resistance	直流环路电阻
FD	Floor Distributor	楼层配线设备
FEXT	Far End Crosstalk Attenuation(loss)	远端串音
IL	Insertion Loss	插入损耗
ISDN	Integrated Services Digital Network	综合业务数字网
OF	Optical Fibre	光纤
PS NEXT	Power Sum Near End Gosstalk Attenuation(loss)	近端串音功率和
RL	Return Loss	回波损耗
SC	Subscriber Connector(optical fibre connector)	用户连接器件 （光纤活动连接器件）
SFF	Small Form Factor connector	小型光纤连接器件
TCL	Transverse Conversion Loss	横向转换损耗
TE	Terminal Equipment	终端设备
Vr.m.s	Vroot.mean.square	电压有效值

三、网络综合布线系统的组成与结构

《综合布线系统工程设计规范》（GB 50311—2016）国家标准系统配置设计把网络综合布线系统的设计分为工作区、配线子系统、干线子系统、建筑群子系统、入口设施、管理系统6部分。结合实际工程安装施工流程和步骤，为了方便教学与实训，我们把网络综合布线系统工程分解为7个子系统进行介绍。图1-1所示为网络综合布线系统工程各个子系统示意。它们分别是工作区子系统、水平子系统、垂直子系统、管理间子系统、设备间子系统、进线间子系统、建筑群子系统。

网络综合布线系统
组成与结构

（一）工作区子系统

1. 概念

工作区子系统又称服务区子系统，它由跳线与信息插座所连接的设备组成。其中信息插座包括墙面型、地面型、桌面型等，常用的终端设备包括计算机、电话机、传真机、报警探头、摄像机、监视器、各种传感器件、音响设备等。

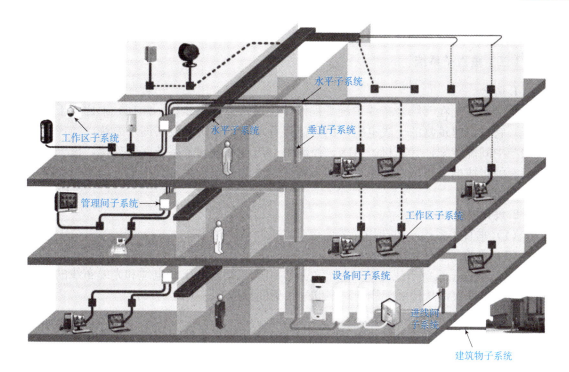

图 1-1　综合布线系统工程各个子系统示意

2. **设计要点**

（1）从 RJ45 信息插座到计算机等终端设备间的连线宜用双绞线，且不要超过 5 m。

（2）RJ45 信息插座宜首先考虑安装在墙壁上或不易被触碰到的地方。

（3）RJ45 信息插座与电源插座等应尽量保持 20 cm 以上的距离。

（4）对于墙面型信息插座和电源插座，其底边距离地面一般应为 30 cm。

（二）水平子系统

1. **概念**

水平子系统在《综合布线系统工程设计规范》（GB 50311—2016）中称为配线子系统，以往资料中也称为水平干线子系统。水平子系统应由工作区信息插座模块、模块到楼层管理间连接线缆、配线架、跳线等组成，它实现工作区信息插座和管理间子系统的连接，包括工作区与楼层管理间之间的所有电缆、连接硬件（信息插座、插头、端接水平传输介质的配线架、跳线架等）、跳线线缆及附件。

2. **设计要点**

（1）双绞线的长度一般不超过 90 m。

（2）尽量避免水平线路长距离与供电线路平行走线，应保持一定的距离（非屏蔽线缆一般为 30 cm，屏蔽线缆一般为 7 cm）。

（3）线缆必须走线槽或在吊顶内布线，尽量不走地面线槽。

（4）如在特定环境中布线，要对传输介质进行保护，使用线槽或金属管道等。

（5）确定距离服务器接线间距离最近的 I/O 位置。

（6）确定距离服务器接线间距离最远的 I/O 位置。

（三）垂直子系统

1. 概念

垂直子系统在《综合布线系统工程设计规划》（GB 50311—2016）中称为干线子系统，它提供建筑物的干线电缆，负责连接管理间子系统到设备间子系统，实现主配线架与中间配线架，计算机、PBX、控制中心与各管理间子系统间的连接。该子系统由所有的布线电缆组成，或由导线和光缆以及将此光缆连接到其他地方的相关支撑硬件组合而成。

2. 设计要点

（1）垂直子系统一般选用光缆连接，以提高传输速率。

（2）垂直子系统应为星型拓扑结构。

（3）垂直子系统干线光缆的拐弯处不要用直角拐弯，干线电缆和光缆布线的交接不应该超过两次，从楼层配线到建筑群配线架间只应有一个配线架。

（4）线路不允许有转接点。

（5）为了防止语音传输对数据传输的干扰，语音主电缆和数据主电缆应分开。

（6）垂直主干线电缆要防止遭到破坏，确定每层楼的干线要求和防雷电设施。

（7）满足整幢大楼的干线要求和防雷击设施。

（四）管理间子系统

1. 概念

管理间也称为电信间或配线间，一般设置在每个楼层的中间位置。对于网络综合布线系统设计而言，在管理间中主要安装建筑物配线设备，是专门安装楼层机柜、配线架、交换机的楼层管理区域。管理间子系统也是连接垂直子系统和水平干线子系统的设备。当楼层信息点很多时，可以设置多个管理间。

2. 设计要点

（1）配线架的配线对数由所管理的信息点数决定。

（2）进出线路以及跳线应采用色表或者标签等进行明确标识。

（3）配线架一般由光配线盒和铜配线架组成。

（4）供电，接地，通风良好，机械承重合适，保持合理的温度、湿度和亮度。

（5）有交换器、路由器的地方要配有专用的稳压电源。

（6）采取防尘、防静电、防火和防雷击措施。

（五）设备间子系统

1. 概念

设备间在实际应用中一般称为网络中心或机房，是在每栋建筑物适当地点进行网络管理和信息交换的场地。其位置和大小应该根据系统分布、规模以及设备的数量来具体确定，通常由电缆、连接器和相关支撑硬件组成，通过线缆把各种公用系统设备互连起来。其主要设备有计算机网络设备、服务器、防火墙、路由器、程控交换机、楼宇自控设备主机等，它们可以放在一起，也可以分别设置。

2. 设计要点

（1）设备间的位置和大小应根据建筑物的结构、布线规模和管理方式及应用系统设备的数量综合考虑。

（2）设备间要有足够的空间。

（3）设备间要具有良好的工作环境：温度应为 0℃～27℃，相对湿度为 60%～80%，亮度适宜。

（4）设备间内所有进出线装置或设备应采用色表或色标区分各种用途。

（5）设备间应具有防静电、防尘、防火和防雷击措施。

（六）进线间子系统

进线间是建筑物外部通信和信息管线的入口部位，并可作为入口设施和建筑群配线设备的安装场地。进线间是《综合布线系统工程设计规范》（GB 50311—2016）在系统设计内容中专门增加的，要求在建筑物前期系统设计中要有进线间，以满足多家运营商的业务需要，避免一家运营商自建进线间后独占该建筑物的宽带接入业务。进线间一般通过地埋管线进入建筑物内部，宜在土建阶段实施。

在进线间线缆入口处的管孔数量应满足建筑物之间、外部接入业务及多家电信业务经营者线缆接入的需求，并应留有 2～4 孔的余量。

（七）建筑群子系统

1. 概念

建筑群子系统也称为楼宇子系统，主要实现楼与楼之间的通信连接，一般采用光缆并配置相应设备，它支持楼宇之间通信所需的硬件，包括线缆、端接设备和电气保护装置。设计时应考虑网络综合布线系统周围的环境，确定楼间传输介质和路由，并使线路长度符合相关网络标准规定。

2. 敷设方式

在建筑群子系统中，室外线缆敷设方式一般有架空、直埋、管道和隧道 4 种。具体方式应根据现场环境确定。建筑群子系统线缆敷设方式比较见表 1-3。

表 1-3　建筑群子系统线缆敷设方式比较

方式	优点	缺点
管道	提供比较好的保护；敷设容易，扩充、更换方便；美观	初期投资高
直埋	有一定保护；初期投资低；美观	扩充、更换不方便
架空	成本低、施工快	安全可靠性低；不美观；除非有安装条件和路径，一般不采用
隧道	可保持建筑物的外貌；成本最低；安全	热量或泄漏的热气会损坏电缆

四、网络综合布线系统工程各个子系统的实际应用

在实际网络综合布线系统工程应用中，各个子系统有时叠加在一起。水平子系统不一定全部水平布线，实际上水平子系统是指从信息点到楼层管理间机柜之间的路由和布线系统，如图 1-2 所示。允许个别管理间 FD 配线架直接到 CD 配线架，而不经过 BD 配线架，这样能够节约工程造价。这就要求设计人员必须熟悉网络综合布线系统的各个子系统，灵活应用，在设计中降低工程造价。

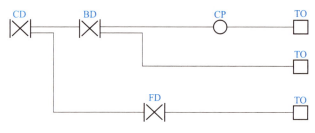

图 1-2 网络综合布线系统构成

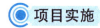 项目实施

一、布线图纸设计

布线施工企业与业主的沟通，首先体现在设计方案的效果上，沟通是否流畅主要体现在网络综合布线方案设计上。网络综合布线施工图是布线施工的指导和依据，设计者应认真谨慎，严格按照设计规范进行设计，必须做到准确到位。本项目通过绘制网络教室布线图纸，进一步了解 Visio 软件使用，为图纸设计打好基础（表 1-4）。

网络综合布线
图纸设计

表 1-4 绘制网络教室布线

操作步骤	操作内容	实现效果	注意事项
1	新建一个 Visio 文件，选择基本框图模板		新建 Visio 文档，也可以利用空白模板

续表

操作 步骤	操作内容	实现效果	注意事项
2	选择"设计"选项，背景选纯色等其他需要的样子和颜色，将设计纸张方向改为横向，以方便操作		背景设计是为了获得美化图纸效果，可以选择自己喜欢的样式设计
3	在基本形状里面找到矩形，把拖出来的矩形形状调整成设计图外框的样子，并对外框进行处理，"填充"选择"无填充"，"线条 – 粗细"改为"6 pt"，"阴影"改为"无阴影"即可		矩形的绘制，也可以通过拖拽基本形状中的"矩形"形状到绘图区来完成
4	选中矩形后会看到它的中心位置，然后拉一条辅助线到中心位置，在上方开始界选择"连接线"选项，对矩形右上角和左上角进行连接，形成弧形，会发现连接线中间可以拉长，自行配合辅助线进行适当拉长即可，调整好后删除辅助线，这样即制作好弧形。"线条 – 粗细"改为"1½ pt 粗细"，"阴影"改成"无阴影"		如果连接线连接后是箭头，可以自行将线条改为正常直线；或者以同样操作拉辅助线，然后使用弧形工具——左上角到中间，右上角到中间（若弯折不过来可以按住 Shift 键），后续自己进行调整

续表

操作步骤	操作内容	实现效果	注意事项
5	制作图纸中的桌子。选择"更多形状"→"地图和平面布置图"→"建筑设计图"→办公室家具里面的书桌和桌子。书桌可以做图纸中间部分的书桌，桌子可以做图纸上部分的桌子。对于书桌和桌子"填充"均改为"无填充"，"线条－粗细"均改为"1½ pt粗细"，"阴影"均改为"无阴影"		桌子也可以用矩形命令进行绘制，根据图纸大小进行调整及修饰
6	选择办公室家具里面的椅子，然后"填充"改为"无填充"，"线条－粗细"改为"1½ pt粗细"，"阴影"改为"无阴影"，继续按照图纸进行摆放和调整		—
7	选择长方形并双击，输入"IO"，根据设置调整文字大小和形状（跟图纸对照），"填充"改为"浅灰白"，"线条－粗细"改为"1½pt粗细"，"阴影"改为"无阴影"，复制多个以图纸位置放置。添加对应的文字和数字，并选择"更多形状"→"地图和平面布置图"→"建筑设计图"→"墙壁和门窗"→"双门"选项，对照图纸进行安装。双门填充黑色		门角度和长度可以自行调整

续表

操作步骤	操作内容	实现效果	注意事项
8	通过复制命令，复制出另一个教室布局图，最后在两个教室的外面绘制墙体和门，布局图即绘制完成	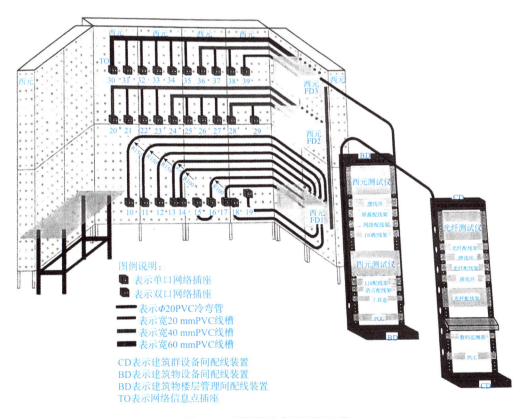	全选形状时，注意不要漏选某个形状。这里可以将一个教室图形组合成一个整体后再进行复制

二、信息点点数统计表设计

用 Excel 设计信息点点数统计表时，在表格第一行填写文件名称，在表格第二行填写房间或者区域编号，在表格第三行填写数据点和语音点。根据图 1-3 所示情况，判断本建筑物共有 3 层，设计网络信息点 57 个，其中一层 18 个、二层 20 个、三层 19 个。其中"*"代表楼层，例如第二层第 4 个房间为 203 房间。

图 1-3　网络综合布线工程示意

信息点点数统计见表1-5。

表1-5　信息点点数统计

操作步骤	操作内容	实现效果	注意事项
1	新建一个Excel工作表并打开。选中A1～L1单元格并合并后居中，然后更改行高为29，添加文字"某教室信息点点数统计表"并且设置字体为宋体，字号为16，居中		可以先在A1单元格中添加标题，之后再进行合并居中操作
2	设置单元格格式，选择"边框"选项卡，选择右边样式里面的第一列最后一个样式，然后单击右边的外边框，再单击"确定"按钮即可		
3	选中A2、A3单元格进行合并，并输入"楼层编号"，设置A列列宽为8。选中I2、I3单元格进行合并，输入"信息点合并"，并设置I列列宽为12。在B2～K2单元格中分别输入"*00"～"*09"，在B3～K3单元格中都输入"T0"。 以上文字格式都是"宋体，字号11，居中"		可以按住Ctrl键逐个选中多个独立单元格，之后单击鼠标右键设置单元格格式即可
4	在A4、A5、A6、A7单元格中分别输入"三层""二层""一层""合计"，剩下的单元格如根据已知的设计图进行填写，具体见右表。 以上文字格式均是"宋体，字号11，居中"。 选择连续的多个单元格。在选择多个单元格的时候，只需要选中第一个单元格，然后按住鼠标左键拖动到需要选中的单元格区域的最后一个单元格即可。 至此，信息点点数统计表制作完成		—

三、信息点端口对应表的制作

按照网络综合布线工程示意图和信息点点数统计表编制信息点端口对应表。

1. 文件命名和表头设计

首先打开 Microsoft Word 软件，创建 1 个 A4 幅面的文件，同时给文件命名，例如"02- 西元网络综合布线教学模型信息点端口对应表"；然后编写文件题目和表头信息，见表 1-6，文件题目为"网络综合布线教学模型信息点端口对应表"，项目名称为"教学模型"，建筑物名称为"2 号楼"，楼层为"一层 FD1 机柜"，文件编号为"LJY01-1-1"。

表 1-6　网络综合布线教学模型信息点端口对应表

项目名称：教学模型　　　　建筑物名称：2 号楼　　　　楼层：一层 FD1 机柜　　　　文件编号：LJY01-1-1

序号	信息点编号	机柜编号	配线架编号	配线架端口编号	插座底盒编号	房间编号
	FD1-1-1-1Z-11	FD1	1		1	11
	FD1-1-2-1Y-11	FD1	1		1	11
		FD1	1		1	12
		FD1	1		1	12
		FD1	1		1	13
		FD1	1		1	13
	FD1-1-7-2Z-13	FD1	1		2	13
		FD1	1		2	13
		FD1	1		1	14
		FD1	1		1	14
		FD1	1		2	14
	FD1-1-12-2Y-14	FD1	1		2	14
		FD1	1		1	15
		FD1	1		1	15
		FD1	1		2	15
		FD1	1		2	15
		FD1	1		1	16
		FD1	1		1	16
		FD1	1		2	16
		FD1	1		2	16

续表

序号	信息点编号	机柜编号	配线架编号	配线架端口编号	插座底盒编号	房间编号
		FD1	1		1	17
	FD1-1-22-1Y-17	FD1	1		1	17
		FD1	1		2	17
	FD1-1-24-2Y-17	FD1	1		2	17

编制人签字：　　　　　　　　　审核人签字：　　　　　　　　　审定人签字：

编制单位：　　　　　　　　　　　　　　　　　　时间：　年　月　日

2. 设计表格

设计表格前，首先分析信息点端口对应表需要包含的主要信息，确定表格列数量，例如表1-6中为7列，第1列为"序号"，第2列为"信息点编号"，第3列为"机柜编号"，第4列为"配线架编号"，第5列为"配线架端口编号"，第6列为"插座底盒编号"，第7列为"房间编号"。其次确定表格行数，一般第一行为类别信息，其余按照信息点总数量设置行数，每个信息点一行。再次填写第一行类别信息。最后添加表格的第一列序号。这样一个空白的信息点端口对应表就编制好了。

3. 填写机柜编号

图1-3所示的网络综合布线教学模型中2号楼为三层结构，每层有一个独立的楼层管理间。从该图中可以看到，一层的信息点全部布线到一层的这个管理间，而且一层管理间只有1个机柜，图中标记为FD1，该层全部信息点将布线到该机柜，因此在表格中"机柜编号"列全部行填写"FD1"。

如果每层信息点很多，也可能会有几个机柜，工程设计中一般按照FD11、FD12等顺序编号，FD1表示一层管理间机柜，后面1、2为该管理间机柜的顺序编号。

4. 填写配线架编号

根据前面的信息点点数统计表，可以知道西元教学模型一层共设计有24个信息点。设计中一般会使用1个24口配线架，把该配线架命名为1号，该层全部信息点将端接到该配线架，因此在表格中"配线架编号"列全部行填写"1"。

如果信息点数量超过24个以上，就会有多个配线架，例如有25～48个信息点，需要2个配线架，就把2个配线架分别命名为1号和2号，一般将最上边的配线架命名为1号。

5. 填写配线架端口编号

配线架端口编号在生产时都印刷在每个端口的下边，在工程安装中，一般每个信息点对应一个端口，一个端口只能端接一根双绞线电缆。因此，在表格中"配线架端口编号"列从上向下依次填写数字"1""2"…"24"。

6. 填写插座底盒编号

在实际工程中，每个房间或者区域往往设计有多个插座底盒，对这些底盒也要编号，一般按照顺时针方向从1开始编号。一般每个底盒设计和安装双口面板插座，因此在表格中"插座底盒编号"列从上向下依次填写数字"1"或"2"。

7. 填写房间编号

设计单位在实际工程前期设计图纸中，每个房间或者区域都没有数字或者用途编号，弱电设计时首先给每个房间或者区域编号。一般用2位或者3位数字编号，第一位表示楼层号，第二位或者第二、三位为房间顺序号。图1-3所示的西元教学模型中就用2位数编号，例如一层分别为"11""12"…"17"。因此，就在表格中"房间编号"列填写对应的房间号数字，如11号房间有2个信息点，就在第2行中填写数字"11"。

8. 填写信息点编号

完成上面的七步后，按照图1-4所示的编号规定，就能顺利完成信息点端口对应表了，把每行第3列～第7列的数字或者字母用"-"连接起来填写在"信息点编号"列。特别要注意的是，双口面板一般安装2个信息模块，为了区分这2个信息点，一般左边用"Z"，右边用"Y"标记和区分。为了安装施工人员快速读懂信息点端口对应表，需要把下面的编号规定作为编制说明设计在信息点端口对应表文件中。

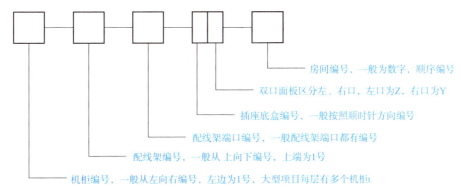

图1-4　编号规定

9. 填写编制人和单位等信息

在信息点端口对应表的下面必须填写"编制人""审核人""审定人""编制单位""时间"等信息。

项目总结

网络安装与综合布线课程是计算机网络技术专业的核心课程，面向的岗位有综合布线管理员、系统设计员、网络综合布线监理等。通过本项目的学习，学生可以掌握一定的岗位技能，积累工作经验，同时为考取"网络布线系统安装与维护职业技能等级证书"积累知识储备。

项目习题

一、填空题

1. 近年来，随着数字化城市和_____的快速发展和普及，_____已经成为每栋建筑物的重要组成部分。

2. 6类布线标准也采用_____结构，要求的布线距离为基本链路的长度不能超过_____，信道长度不能超过_____。

3. 1995年年底，EIA/TIA568标准正式更新为_____，同时，ISO_____推出相应标准_____。

4. 与4类、5类、超5类和6类线缆相比，7类线缆具有更高的传输带宽，至少为_____。

5. 全光网即_____到端的全光路，中间没有光电转化器。

6. 网络综合布线是集成网络系统的基础，它能够支持_____、_____及其_____等的传输要求，为计算机网络和通信系统的支撑环境。

7. 智能建筑与智能建筑园区的工程设计中宜将网络综合布线系统分为_____、_____、_____3种常用形式。

8. 全光网的基本结构可以分为_____和_____。

9. 从7类标准开始，布线历史上出现了"_____"和"_____"接口的划分。

10. 网络拓扑结构有_____、_____、_____、_____、_____几种类型。

11. 随着网络综合布线系统技术的不断发展，与之相关的国内和国际标准也更加_____、_____和_____。

12. 网络综合布线系统现行标准对于_____、_____、_____和_____是非常重要的。

13. 1991年，美国国家标准协会制定了_____民用建筑线缆标准。

14. 经改进后，1995年10月，TIA/EIA568被正式修订为_____标准，该标准还规定了永久链路和通道的等效_____、_____、_____。

15. 网络技术在10/100 Mbit/s以太网的基础上，提出_____以太网的概念和标准。

16. 在_____、_____及_____应设置楼层或局部等电位接地端子板。

17. 网络综合布线系统线缆与配电箱的最小净距宜为_____，与变电室、电梯机房、空调机房之间的最小净距宜为_____。

18. 网络综合布线系统由7个子系统组成，即_____、_____、_____、_____、_____和_____。

19. 配线子系统信道的最大长度不应大于_____。

20. 工业级布线系统宜采用_____拓扑结构。

21. 建筑物之间宜采用_____或_____。

22. 工作区设备线缆、电信间配线设备的跳线和设备线缆之和不应大于_____，当大于10 m时，水平线缆长度_____应适当减少。

23. 楼层配线设备_____跳线、设备线缆及工作区设备线缆各自的长度不应大于_____。

24. 网络综合布线系统应采用_____的接地系统。

25. 光纤信道分为_____、_____和_____3个等级。

26. 网络综合布线是一门新发展起来的工程技术。它涉及许多理论和技术问题，是一个多学科交叉的新领域，也是_____、_____、_____与_____紧密结合的产物。

27. _____又称为服务区子系统，它由跳线与信息插座所连接的设备组成。

28. RJ45信息插座与电源插座等应尽量保持_____以上的距离。

29. 对于墙面型信息插座和电源插座，其底边距离地面一般应为_____。

30. 水平子系统应由工作区信息插座模块、模块到楼层管理间_____、_____、_____等组成。

31. 双绞线的长度一般不超过_____m。

32. 管理间子系统也是连接_____和_____的设备。

33. 当楼层信息点很多时，可以设置多个_____。

34. _____在实际应用中一般称为网络中心或者机房。

35. _____一般通过地埋管线进入建筑物内部，宜在_____阶段实施。

36. 在建筑群子系统中，室外线缆敷设方式一般有_____、_____、_____和_____4种。

37. 实际上水平子系统是指从_____到楼层_____机柜之间的路由和布线系统。

38. _____也称为电信间或者配线间，一般设置在每个楼层的_____。

39. 管理间主要安装建筑物配线设备，是专门安装_____、_____、_____的区域。

40. 垂直子系统应为_____拓扑结构。

41. 在网络综合布线系统上线缆传输的信息号种类为_____、_____。

42. 沟通是否流畅主要体现在_____上。

43. _____是一份好的项目设计的开始。

44. 可以使用_____绘图软件来方便地完成系统图设计。

45. 在网络综合布线的系统图中应包含_____、_____、_____3个方面的内容。

二、单项选择题

1. 智能建筑是多学科跨行业的系统技术与工程，这是现代高新技术的结晶，是建筑艺术与（　　）相结合。

A.计算机技术　　　B.科学技术　　　C.信息技术　　　D.通信技术

2. 网络综合布线的标准中，属于国际标准的是（　　）。

A. TIA/EIA568　　　　　　　B. GB/T 50311-2000
C. EN 50173　　　　　　　　D. ISO/IEC/11801

3. 7类标准是一套在100Ω双绞线上支持（　　）MHz最高带宽传输的布线标准。

A. 100　　　B. 200　　　C. 400　　　D. 600

4. 在网络节点之间采用（　　），通过对光信号进行交叉连接，能灵活有效地管理光纤传输网络。

A. ABC　　　B. OCX　　　C. OUT　　　D. OXC

5. 不属于网络综合布线特点的是（　　）。

A. 实用性　　　B. 兼容性　　　C. 可靠性　　　D. 先进性

6. 目前所讲的智能小区主要指住宅智能小区，根据住房和城乡建设部关于在全国建成一批智能化小区示范工程项目，将智能小区示范工程分为3种类型，其中错误的是（　　　）。

 A. 一星级   B. 二星级   C. 三星级   D. 四星级

7. 中国国家标准《大楼通信综合布线系统》（YD/T 926-2009）分为下列几个部分，其中（　　　）不属于该标准。

 A.《大楼通信综合布线系统　第1部分：总规范》（YD/T 926.1—2009）

 B.《大楼通信综合布线系统　第2部分：电缆、光缆技术要求》（YD/T 926.2—2009）

 C.《大楼通信综合布线系统　第3部分：连接硬件和接插软件线技术要求》（YD/T 926.3—2009）

 D.《大楼通信综合布线系统　第4部分：综合布线用验收要求》（YD/T 926.4—2009）

8. 网络综合布线系统水平线缆与建筑物主干线缆及建筑群主干线缆之和所构成信道的总长度不应大于（　　　）m。

 A. 1 000   B. 15 000   C. 500   D. 2 000

9. 网络综合布线系统线缆与配电箱的最小净距宜为（　　　）m。

 A. 1   B. 2   C. 3   D. 4

10. 分贝的英文名称为（　　　）。

 A. db   B. ab   C. fx   D. io

11. 变电室、电梯机房、空调机房之间的最小净距宜为（　　　）m。

 A. 1   B. 3   C. 4   D. 2

12. 单独设置接地体时，接地电阻不应大于（　　　）Ω。

 A. 2   B. 4   C. 3   D. 5

13. 主干线缆的长度不应小于（　　　）m。

 A. 10   B. 20   C. 30   D. 15

14. 垂直子系统一般选用（　　　），以提高传输速率。

 A. 电缆   B. 双绞线   C. 同轴电缆   D. 光缆

15. 垂直子系统应为（　　　）拓扑结构。

 A. 树型   B. 环型   C. 总线型   D. 星型

16. 双绞线的长度一般不超过（　　　）m。

 A. 90   B. 50   C. 100   D. 40

17. 从RJ45信息插座到计算机等终端设备间的连线宜用双绞线，且不要超过（　　　）m。

 A. 3   B. 5   C. 7   D. 10

18. RJ45信息插座与电源插座等应尽量保持（　　　）cm以上的距离。

 A. 10   B. 15   C. 5   D. 20

19. 对于墙面型信息插座和电源插座，其底边距离地面一般应为（　　　）cm。

 A. 35   B. 15   C. 30   D. 20

20. 配线架的配线对数由所管理的（　　　）数决定。

 A. 数据点   B. 对接点   C. 模块点   D. 信息点

项目二
网络配线端接工程技术

项目描述

网络综合布线系统是一个非常重要且复杂的系统工程，因此网络综合布线系统的设计和施工非常重要。本项目从布线常用器材和工具的使用、光纤和光缆、桥架等方面进行介绍，通过水晶头的端接、信息模块的端接、数据配线架的端接、光纤的熔接开展项目实施，让学生明白配线端接的重要性，理解端接技术直接影响网络系统的传输速率，从而影响网络的稳定性和可靠性，也直接决定了网络综合布线系统、永久链路和信道链路的测试结果。

项目目标

1.了解网络配线端接的意义和重要性，掌握配线端接的技术原理。

2.掌握各种网络传输介质（双绞线、光纤等）以及常用的器材（线管、线槽、桥架等）和工具的使用方法。

3.能够按照要求完成RJ45水晶头的端接、信息模块的端接、配线架的端接及光纤的熔接等实践操作。

4.培养认真负责的工作态度、吃苦耐劳的劳动品质、精益求精的工匠精神。

项目任务

本项目主要完成配线端接实践内容，主要包括RJ45水晶头的端接实践、信息模块的端接实践、数据配线架的端接实践以及光纤的熔接实践。

◎ 项目知识储备

一、配线端接概述

（一）网络配线端接的意义和重要性

网络配线端接是连接网络设备和网络综合布线系统的关键施工技术，通常每个网络系统管理间有数百甚至数千根网络线。一般每个信息点的网络线在设备跳线→墙面模块→楼层机柜通信配线架→网络配线架→交换机连接跳线→交换机级联线这一流程中需要平均端接10～12次，每次端接8个芯线，因此在工程技术施工中，每个信息点大约平均需要端接80芯或者96芯，可见熟练掌握配线端接技术非常重要。

对于永久链路需要进行11项技术指标测试。除了上面提到的线序正确和可靠电气接触直接影响永久链路测试指标外，还有网线外皮剥离长度、拆散双绞长度、拉力、曲率半径等也直接影响永久链路技术指标，特别在 6 类、7 类网络综合布线系统工程施工中，配线端接技术是非常重要的。

（二）配线端接技术原理

因为每根双绞线有 8 芯，每芯都有外绝缘层，如果像电气工程那样将每芯线剥开外绝缘层直接拧接或者焊接在一起时，不仅工程量大，而且将严重破坏双绞节距，因此在网络施工中坚决不能采取电工式接线方法。

网络综合布线系统配线端接的基本原理：使用 110 型压线工具将线对压入线槽，将线芯用机械力量压入两个刀片，在压入过程中刀片将绝缘护套划破与铜线芯紧密接触，同时金属刀片的弹性将铜线芯长期夹紧，从而实现长期稳定的电气连接，如图 2-1 所示。

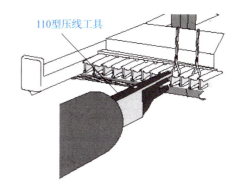

图 2-1　110 型压线工具压线示意

（三）网络双绞线剥线基本方法

网络双绞线配线端接的正确方法和程序如下。

（1）剥开外绝缘护套。首先剪裁掉端头破损的双绞线，使用专门的剥线工具剥开需要端接双绞线端头的外绝缘护套。端头剥开长度尽可能短一些，能够方便地端接线就可以了，如图 2-2（a）所示。在剥护套过程中不能对线芯的绝缘护套或者线芯造成损伤或者破坏，如图 2-2（b）所示。特别注意不能损伤 8 根线芯的绝缘层，更不能损伤任何一根铜线芯。

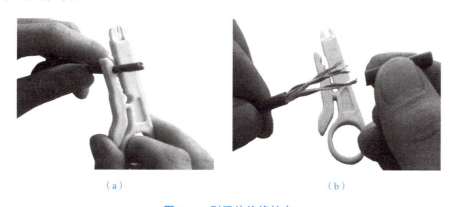

（a）　　　　　　　　　　　　　　　　（b）

图 2-2　剥开外绝缘护套
（a）端头剥开长度；（b）不得损伤线芯的绝缘层

（2）拆开 4 对双绞线。将端头已经剥去外皮的双绞线按照对应颜色拆开成为 4 对单绞线。拆开 4 对单绞线时，必须按照绞绕顺序慢慢拆开，同时保护 2 根单绞线不被拆开和保持比较大的曲率半径，图 2-3 所示为正确的操作结果。

（3）拆开单绞线。将 4 对单绞线分别拆开。注意 RJ45 水晶头制作和模块压接线时线对拆开方式和长度不同。

模块压接时，双绞线压接处拆开线段长度应该尽量短，能够满足压接就可以了，不能为了压接方便拆开线芯很长，拆开线芯过长会引起较大的近端串扰。

（4）配线端接。配线端接线序示意如图 2-4 所示。

图 2-3　拆开双绞线

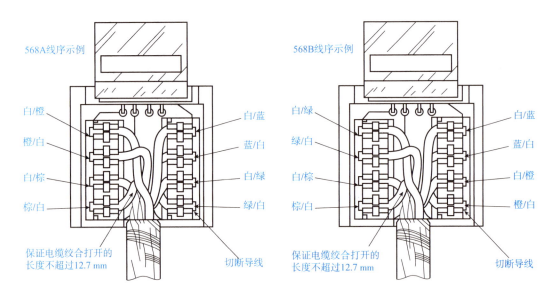

图 2-4　配线端接线序示意

认识安装信息模块

二、配线器材和工具

（一）信息插座模块

信息插座模块是网络工程中经常使用的一种器材，分为 6 类、超 5 类、3 类，且有屏蔽和非屏蔽之分。各种信息插座模块示意如图 2-5 所示。

5类RJ45信息插座模块　　RJ11信息插座模块（免打）　　超5类RJ45信息插座模块（免打）　　6类RJ45信息插座模块（免打）

图 2-5　各种信息插座模块示意

超5类RJ45屏蔽信息　　6类RJ45屏蔽信息插座模块　　超5类RJ45屏蔽信息插座模块
插座模块　　　　　（免打）　　　　　　（免打）

图 2-5　　各种信息插座模块示意（续）

打线柱外壳材料为聚碳酸酯，IDC 打线柱夹子为磷青铜，适用于 22、24 及 26AWG（0.64 mm、0.5 mm 及 0.4 mm）线缆，耐用性为 350 次插拔。

在 100 MHz 下测试传输性能：近端串扰为 44.5 dB，衰减为 0.17 dB，回波损耗为 30.0 dB 平均 46.3 dB。

信息插座模块分为免打线式信息插座模块和打线式信息插座模块。图 2-6 所示为 RJ45 免打线式信息插座模块；图 2-7 所示为 RJ45 打线式信息插座模块。

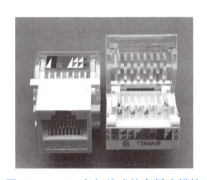
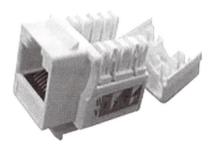

图 2-6　　RJ45 免打线式信息插座模块　　　　图 2-7　　RJ45 打线式信息插座模块

免打线式信息插座模块不用专门的打线工具，只要将双绞线按色标放进相应的槽位，再用钳子压一下即可。打线式信息插座模块需用打线工具才能很好地把双绞线与信息插座模块连接起来。免打线式信息插座模块在安装中更方便，更节省时间，现在这种产品已成为主流。

免打线式信息插座模块和打线式信息插座模块外面都印有符合 EIA/TIA 568A/B 的打线色标，用以指示正确接线安装。

（二）面板和底盒

1. 面板

常用面板分为单口面板和双口面板。面板外形尺寸符合国标 86 型、120 型。86 型面板的宽度和长度均为 86 mm，通常采用高强度塑料材料制成，适合安装在墙面，具有防尘功能。120 型面板的宽度和长度是 120 mm，通常采用铜等金属材料制成，适合安装在地面，具有防尘、防水功能，如图 2-8 所示。

图 2-8　面板

国内一般使用 86 型规格的面板，可安装 RJ45、RJ11 和 CATV 模块，面板外观采用圆角或直角设计，造型美观，并有便于用户端口标记的透明标示片。其包含单位、双位及斜角等结构面，防尘门采用滑动式弹簧门。

两口转换插座专为家庭宽带上网所设计，将一根超 5 类 4 对 UTP 电缆进户后，转换成一个 RJ45 数据口和一个 RJ11 语音口，分别连接计算机和电话。内外网转换插座专为有内外网应用的场所设计。转换插座实现 8 芯插座到 4 个 2 芯电话插座的转换，如图 2-9 所示。

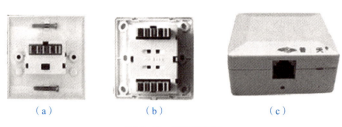

（a）　　　　　　　（b）　　　　　　　（c）

图 2-9　转换插座

（a）两口转换插座；（b）内外网转换插座；（c）普通转换插座

2. 底盒

常用底盒分为明装底盒和暗装底盒。明装底盒通常采用高强度塑料材料制成，而暗装底盒有由塑料材料制成的，也有由金属材料制成的，如图 2-10 所示。

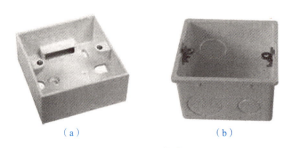

（a）　　　　　　　　　　　（b）

图 2-10　底盒

（a）明装底盒；（b）暗装底盒

（三）配线架

1.配线架的定义

配线架是管理子系统中最重要的组件，是实现垂直子系统和水平子系统两个子系统交叉连接的枢纽。配线架通常安装在机柜或墙上。通过安装附件，配线架可以全线满足 UTP、STP、同轴电缆、光纤、音视频的需要。双绞线配线架如图 2-11 所示。

认识安装配线架

（a）　　　　　　　　　（b）　　　　　　　　　（c）

图 2-11　双绞线配线架

（a）超 5 类 24 口配线架；（b）超 5 类 48 口配线架；（c）超 5 类 110 型配线架

在网络工程中常用的配线架有双绞线配线架和光纤配线架。

双绞线配线架的作用是在管理子系统中对双绞线进行交叉连接，用在主配线间和各分配线间。光纤配线架的作用是在管理子系统中对光缆进行连接，通常用在主配线间和各分配线间。

双绞线配线架有 RJ45 模块化配线架和 110 型配线架两个系列。

（1）RJ45 模块化配线架。其用于端接配线电缆，并通过设备线缆连接交换机等网络设备。

常用 RJ45 模块化配线架有超 5 类、6 类模块化配线架。如图 2-12 所示，这种面板型模块化配线架可安装在 19 英寸（1 英寸 =0.0254 米）机柜内，24 口、48 口随意选择。

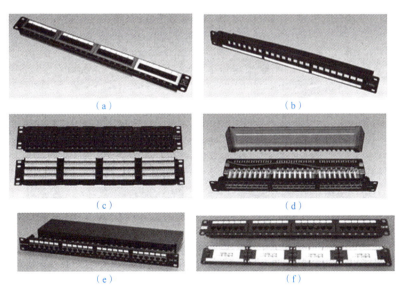

（a）　　　　　　　　　　　　　（b）

（c）　　　　　　　　　　　　　（d）

（e）　　　　　　　　　　　　　（f）

图 2-12　RJ45 模块化配线架

（a）24 口 RJ45 模块化配线架（空架）；（b）24 口 RJ45 模块化配线架（空架）；
（c）超 5 类 48 口 RJ45 模块化配线架；（d）6 类 24 口 RJ45 模块化屏蔽配线架；
（e）超 5 类 24 口 RJ45 模块化屏蔽配线架；（f）超 5 类 24 口非屏蔽 RJ45 模块化配线架

（2）110型配线架。110型连接管理系统由 AT&T 公司于 1988 年首先推出，该系统后来成为工业标准的蓝本。110 型连接管理系统的基本部件是配线架、连接块、跳线和标签。

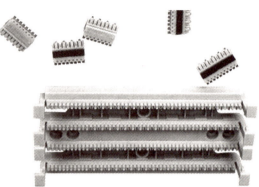

110 型配线架是由阻燃、注模塑料制成的基本器件，布线系统中的电线缆对就端接在其上。110 型配线架主要用于语音配线。110 型配线架上装有若干齿形条，沿配线架正面从左到右均有色标，以区别各条输入线，如图 2-13 所示。

110 型配线架的接线方式主要有夹接式（110A 型）和接插式（110P 型）两种。

图 2-13 110 型配线架及连接块

110 型配线架有 25 对、50 对、100 对、300 对等多种规格，它的套件还应包括 4 对连接块或 5 对连接块、空白标签和标签夹、基座。110 型配线系统使用方便的插拔式快接式跳接，可以简单地进行线路的重新排列，这样就为非专业技术人员管理交叉连接系统提供了方便。110 型配线系统中要用到连接块，称为 110C，有 3 对线（110C-3）、4 对线（110C-4）和 5 对线（110C-5）3 种规格的连接块。110 型配线架需要和 110 型连接块配合使用。用于端接配线电缆或干线电缆，并通过跳线连接配线子系统和干线子系统。

110 型配线架由高分子合成阻燃材料压模而成，它的上面装有若干齿形条，每行最多可端接 25 对线。对绞电缆的每根线放入齿形条的槽缝，利用冲压工具就可以把线压入 110 型连接块。100 对线的 110 型配线架示意如图 2-14 所示。

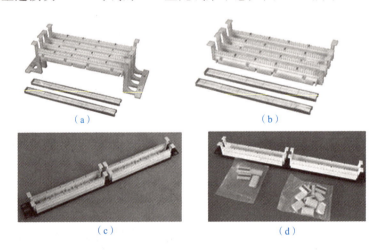

（a）   （b）

（c）   （d）

图 2-14 100 对线的 110 型配线架示意

（a）100 对有腿配线架；（b）100 对无腿配线架；（c）机架式 100 对 110 型配线架；
（d）机架式 100 对 110 型配线架（带 110 型连接块）

2. 110 型连接块

110 型连接块是一个单层耐火的塑料模制密封器，内含熔锡快速接线夹子，当连接块被推入配线架的齿形条时，这些夹子就切开连线的绝缘层建立起连接。其顶部用于交叉连接，顶部的连线通过连接块与齿形条内的连线相连，如图 2-15 所示。

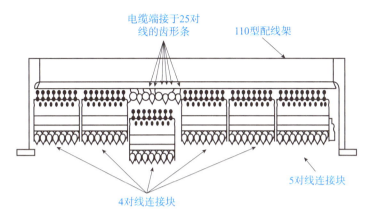

图 2-15　110 型连接块与 110 型配线架建立连接

3. 配线架的用途

配线架的定位是在局端对前端信息点进行管理的模块化设备。前端的信息点线缆（超 5 类或者 6 类线）进入设备间后首先进入配线架，将线打在配线架的模块上，然后用跳线（RJ45 接口）连接配线架与交换机。总体来说，配线架是用来管理的设备，如果没有配线架，前端的信息点直接接入交换机，那么线缆一旦出现问题，就要重新布线，此外，管理上也比较混乱，多次插拔可能引起交换机端口的损坏。配线架的存在就解决了这个问题，可以通过更换跳线来实现较好的管理。

配线架的用法和用量主要是根据总体网络点的数量或者该楼层（以及相近楼层，这要看系统图是怎么设计的）的网络点数量来配置的。对于不同的建筑、不同的系统设计，主设备间的配线架都会不同。例如，一栋建筑只有 4 层，主设备间设置在 1 层，所有楼层的网络点均进入该设备间，那么配线架的数量就等于该建筑的所有网络点 / 配线架端口数（24 口、48 口等），并加上一定的余量；如果，一栋建筑有 9 层，主设备间设置在 4 层，那么为了避免线缆超长，就可能每层均设有分设备间，且有交换设备。那么主设备间的配线架数量就等于 4 层的网络点数量 / 配线架端口数（24 口、48 口等）。图 2-16 所示为配线架示意。

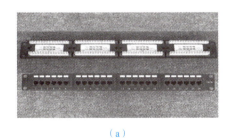

（a）　　　　　　　　　　　　　　　　　（b）

图 2-16　配线架示意

（a）24 口配线架正 / 反面示意；（b）48 口配线架示意

双绞线配线架大多用于水平配线。前面板用于连接集线设备的RJ45端口,后面板用于连接从信息插座延伸过来的双绞线。双绞线配线架主要有24口和48口两种形式。

在屏蔽布线系统中,应当选用屏蔽双绞线配线架,以确保屏蔽系统的完整性。

(四)打线工具

1.5对110型打线工具

5对110型打线工具是一种简便快捷的110型连接端子打线工具,是110型配线(跳线)架卡接连接块的最佳手段。它一次最多可以接5对连接块,操作简单,省时省力,适用于线缆、跳接块及跳线架的连接作业,如图2-17所示。

2.单对110型打线工具

单对110型打线工具适用于线缆、110型模块及配线架的连接作业。使用时只需要简单地在手柄上推一下,就能将导线卡接在模块中,完成端接过程,如图2-18所示。

图2-17 5对110型打线工具　　　　图2-18 单对110型打线工具

打线工具

注意事项如下。

(1)用手在压线口按照线序将线芯整理好,然后开始压接,压接时必须保证打线钳方向正确,有刀口的一边必须在线端方向,正确压接后,刀口会将多余线芯剪断。否则,会将要用的网线铜芯剪断或者损伤。

(2)必须保证打线钳垂直,突然用力向下压,听到"咔嚓"声,配线架中的刀片会划破线芯的外包绝缘外套,与铜线芯接触。

(3)如果打接时不突然用力,而是均匀用力,则不容易一次将线压接好,可能出现半接触状态。

(4)如果打线钳不垂直,则容易损坏压线口的塑料牙,而且不容易将线压接好。

---

3. RJ45+RJ11双用压接工具

RJ45+RJ11双用压接工具适用于RJ45、RJ11水晶头的压接。一把钳子包括双绞线切割、外护套剥离、水晶头压接等多种功能,如图2-19所示。

4.剥线器

剥线器不仅外形小巧,而且简单易用。操作时只需要一个简单的步骤就可除去线缆的外护套——把线放在相应尺寸的孔内并旋转 3 ～ 5 圈即可除去线缆的外护套，如图 2-20 所示。

图 2-19 RJ45+RJ11 双用压接工具

图 2-20 剥线器

5. 手掌保护器

因为把双绞线的 4 对芯线卡入信息插座模块的过程比较费劲，并且由于信息插座模块容易划伤手，所以就有公司专门设计了一种打线保护装置，信息插座模块嵌套保护装置可以更加方便地把线卡入信息模块，也可以起到隔离手掌，保护手的作用，如图 2-21 所示。

图 2-21 手掌保护器

认识电缆和连接器件

网络综合布线工具的使用

三、布线电缆

（一）电缆

电缆又称为铜缆，是指以铜导体作为信息传输介质的线缆。从广义上讲，电缆分为电力电缆和通信电缆两大类。其中，通信电缆是有线通信的传输媒介之一，如图 2-22 所示，有多种类型。通信电缆在靠近用户的最后 1 km 范围内发挥作用。

图 2-22 通信电缆

按使用场合的不同，线缆又可以分为建筑群主干线缆、建筑物主干线缆、配线线缆、永久水平线缆、CP 线缆和设备线缆等多种。建筑群主干线缆是指建筑群内连接建筑群配线架（CD）与建筑物配线架（BD）的电缆和光缆。建筑物主干线缆是指连接建筑物配线设备（BD）至楼层配线设备（FD）以及建筑物内楼层配线设备的线缆，包括主干电缆和主干光缆两种。配线线缆是指楼层配线设备（FD）到信息点（TO）之间的连接线缆。永久水平线缆是指楼层配线设备（FD）到集合点（CP）的连接线缆，如果链路中不存在集合点，则为直接连至信息点的连接线缆。CP 线缆是指连接集合点至信息点的线缆。设备线缆是指通信设备或网络设备连接到配线设备的电缆和光缆，如图 2-23 所示。

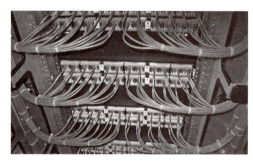

图 2-23　设备线缆

（二）双绞线

双绞线（Twisted Pair，TP）是网络综合布线工程中最常用的传输介质。双绞线由两根具有绝缘保护层的铜导线组成。把两根具有绝缘保护层的铜导线按一定节距互相绞在一起，可降低信号干扰的程度，每一根导线在传输中辐射出来的电波会被另一根线上发出的电波抵消。

双绞线也称为对绞电缆，由一对或多对按一定绞距逆时针方向相互缠绕在一起的金属导体线对（Pair）包裹绝缘护套层构成。双绞线护套可以保护其中的导体线对免遭机械损伤和其他有害物质的损坏，也能提高双绞线的物理性能和电气性能。

双绞线内部的铜芯线对采用两两相绞的绞线技术可以抵消相邻线对之间的电磁干扰和减少串音，绞距越小，抗干扰的能力越强。双绞线可以分为屏蔽双绞线（STP）和非屏蔽双绞线（UTP），如图 2-24 所示，网络综合布线使用的双绞线种类如图 2-25 所示。

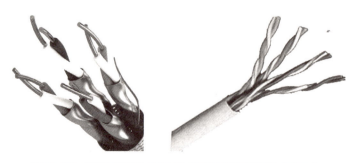

图 2-24　屏蔽双绞线（STP）和非屏蔽双绞线（UTP）

图 2-25 双绞线的种类

1. 双绞线的参数

对于双绞线，用户所关心的是衰减、近端串扰、直流电阻、特性阻抗、分布电容等。为了便于理解，需要了解以下几个名词。

（1）衰减。衰减（Attenuation）是沿链路的信号损失度量。衰减随频率而变化，所以应测量在应用范围内的全部频率上的衰减。

（2）近端串扰。近端串扰（Near-End Crosstalk Loss）是测量一条 UTP 链路中从一对线到另一对线的信号耦合。

（3）直流电阻。直流电阻会消耗一部分信号并转变成热量，它是指一对导线电阻的和，ISO/IEC 11801 标准的规格不得大于 19.2 Ω，每对线间的差异不能太大（小于 0.1 Ω），否则表示接触不良，必须检查连接点。

（4）特性阻抗。与直流电阻不同，特性阻抗包括电阻及频率为 1 ～ 100 MHz 的电感抗及电容抗，它与一对线之间的距离及绝缘的电气性能有关。

（5）衰减串扰比（ACR）。在某些频率范围内，串扰与衰减量的比例关系是反映电缆性能的另一个重要参数。

（6）电缆特性。通信信道的品质是由它的电缆特性——信噪比（SNR）来描述的。

2. 双绞线的绞距

在双绞线电缆内，不同线对具有不同的绞距长度。一般来说，4 对双绞线绞距周期在 38.1 mm 长度内，按逆时针方向扭绞，一对线对的扭绞长度在 12.7 mm 以内。

3. 双绞线的生产制造过程

目前，网络综合布线系统工程大量使用超 5 类和 6 类非屏蔽双绞线。这里以超 5 类非屏蔽双绞线为例，介绍双绞线的生产制造过程。

一般制造过程：铜棒拉丝→单芯覆盖绝缘层→两芯绞绕→4 对绞绕→覆盖绝缘层→印刷标记→成卷。

在工厂专业化大规模生产超 5 类线缆时的制造过程：绝缘→绞对→成缆→护套。

各个制造过程的技术要求如下。

（1）绝缘线。绝缘线检查项目、指标和检查方法见表 2-1。

表 2-1　绝缘线检查项目、指标和检查方法

序号	检查项目	指标	检查方法
1	导体直径 /mm	0.511	激光测径仪
2	绝缘外径 /mm	0.92	激光测径仪
3	绝缘最大偏心 /mm	≤ 0.020	激光测径仪
4	导体伸长率 /%	20 ～ 25	伸长试验仪
5	同轴电容 / (pF·m^{-1})	228	电容测试仪
6	火花击穿数 / 个	≤ 2(DC 3 500 V)	火花记录器
7	颜色	孟塞尔色标	比色

　　在该阶段需要注意导体直径、绝缘外径、绝缘的偏心、导体及绝缘的伸长率、绝缘单线的同轴电容、火花击穿数、绝缘单线的颜色、单线装盘时的排线等各项指标，检验后符合要求的才能进入下一道工序，以确保下一道工序能正常生产。

　　（2）绞对。在电缆制造过程中，将绝缘线芯绞合成线组，除了保持回路传输参数稳定，提高电缆弯曲性能以便于使用外，还可以减少电缆组间的电磁耦合，利用其交叉效应来减小线对 / 组间的串音。

　　绞对时应注意收、放线张力的控制。避免张力过大，放线不均匀，拉伤线对，对线对的电气性能产生影响，同时也应避免张力过小导致放线线盘过于松动而产生缠绕、打结现象。

　　绞对检查项目、指标和检查方法见表 2-2。

表 2-2　绞对检查项目、指标和检查方法

序号	检查项目	指标	检查方法
1	节距	白蓝、白橙、白绿、白棕	直尺测量
2	绞向	Z 向（右向）	目测
3	绞对线单根导线直流电阻	≤ 93 Ω	电阻表
4	绞对前后电阻不平衡	≤ 2%	（大电阻值 – 小电阻值）/（大电阻值 + 小电阻值）×100%
5	耐高压	DC 3 s, 2 000 V	—

　　（3）成缆。4 对数据缆的成缆很简单，束绞或 S-Z 绞都是可以采用的工艺方式，以一定的成缆节距，减小线对间的串音等。

（4）护套。护套工序在生产中类似绝缘工序，该工序的内容是为线缆的缆芯统一包一层保护外套，并在护套上喷印生产厂家的产品信息及相关内容。护套类型可分为阻燃、非阻燃，室内、室外等。护套检查项目、指标和检查方法见表2-3。

表2-3 护套检查项目、指标和检查方法

序号	检查项目	指标	检查方法
1	外观检测	光滑、圆整、无孔洞、无杂质	目测
2	最小护套厚度 /mm	标称：0.6	游标卡尺
3	偏心 /mm	≤ 0.20（在电缆同一截面上测量）	游标卡尺
4	电缆外径 /mm	标称：5.4	纸带法
5	记米长度误差 /%	≤ 0.5	卷尺

4. 对绞电缆的分类

对绞电缆有多种分类方法，常用的3种如下。

（1）按对绞电缆是否包缠有金属屏蔽层，对绞电缆可以分为屏蔽对绞电缆和非屏蔽对绞电缆两种。

1）非屏蔽对绞电缆。非屏蔽对绞电缆（Unscreened Twisted Pairs Cable，简称UTP电缆）是指不带任何屏蔽物的对绞电缆。其具有质量小、体积小、弹性好和价格低等优点，但抗外界电磁干扰的性能较差，不能满足电磁兼容规定的要求。同时这种电缆在传输信息时易向外辐射泄漏，安全性较差，在重要部门的工程中不宜采用。

非屏蔽双绞线电缆的优点如下。
①无屏蔽外套，直径小，节省所占用的空间；
②质量小、易弯曲、易安装；
③将串扰减至最小或加以消除；
④具有阻燃性；
⑤具有独立性和灵活性，适用于结构化综合布线。

2）屏蔽对绞电缆。屏蔽对绞电缆（Screened Twisted Pairs Cable）是指带有总屏蔽和/或每线对均有屏蔽物的对绞电缆，其具有防止外来电磁干扰和防止向外辐射电磁波的优点，但也有质量小、体积大、价格高和不易施工等缺点。

屏蔽对绞电缆常采用ISO/IEC 11801推荐的统一命名方法。

（2）根据防护的要求，对绞电缆可以分为F/UTP（电缆金属箔屏蔽）、U/FTP（线对金属箔屏蔽）、SF/UTP（电缆金属编织丝网加金属箔屏蔽）、S/FTP（电缆金属编织丝网屏蔽加上线对金属箔屏蔽）等几种结构。其中的3种如图2-26所示。

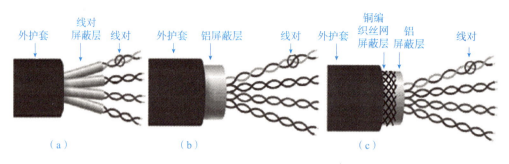

图 2-26 对绞电缆根据防护要求的分类

（a）U/FTP；（b）F/UTP；（c）SF/UTP

不同的屏蔽层会产生不同的屏蔽效果。一般认为，金属箔对高频、金属编织丝网对低频的电磁屏蔽效果较佳。

（3）按对绞电缆的性能高低，TIA/EIA 和 ISO/IEC 分别为对绞电缆定义了 7 种不同质量的型号标准，见表 2-4。

表 2-4　常用对绞电缆分类标准

TIA/EIA	ISO/DEC	规定最大带宽 /kHz	备注
CAT 1	A 类	100	主要用于 20 世纪 80 年代之前的语音传输，不用于数据传输
CAT 2	B 类	4	用于语音传输和最高传输速率为 4 Mbit/s 的数据传输
CAT 3	C 类	16	用于语音传输及最高传输速率为 10 Mbit/s 的数据传输
CAT 4		20	用于语音传输和最高传输速率为 16 Mbit/s 的数据传输
CAT 5	D 类	100	用于语音传输和最高传输速率为 100 Mbit/s 的数据传输
CAT 5e	E 类	100	目前使用范围较广，在 1 000 Base-T 的铜缆系统中采用级（PAM-5）编码，可达 125 Mbit/s 的标称速率
CAT 6	F 类	250	用于语音传输和最高传输速率为 1 000 Mbit/s 的数据传输
CAT 7	G 类	600	为屏蔽电缆，用于语音传输和最高传输速率为 1 000 Mbit/s 的数据传输

注：在 TIA/EIA 568 B.2—10 标准中还规定了 6A 类（增强 6 类）布线系统支持的传输带宽为 500 MHz 的对绞电缆。

（4）按对绞电缆中的线对数，对绞电缆分为 4 对对绞电缆和大对数对绞电缆两类。

1）4 对对绞电缆。其主要用于配线布线。4 个线对的颜色依次为蓝色、橙色、绿色和棕色。此外，不同线对的缠绕密度也不相同，当然，差别不会太大，在 0.5% 左右（如在 137 英尺[①] 长的 4 对对绞电缆中，橙色线对约长 145 英尺，绿色线对约长 143 英尺，蓝色线对约长 141 英尺，而棕色线对约长 142 英尺）。

常用超 5 类 4 对非屏蔽对绞电缆的外形和构造如图 2-27 所示，它采用 24AWG 的实心铜导线，以氟化乙烯做绝缘材料。

_____

① 1 英尺 ≈ 30.48 厘米。

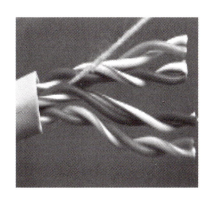
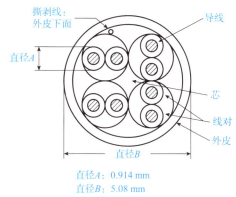

撕剥线:
外皮下面

直径A

导线

芯

线对

外皮

直径B

直径A: 0.914 mm
直径B: 5.08 mm

图 2-27　超 5 类 4 对非屏蔽对绞电缆的外形和构造

2）大对数对绞电缆。其主要用于干线布线，有 3 类的 25 对、50 对、100 对、200 对和 5 类、超 5 类的 25 对、50 对、100 对等规格，可以为用户提供更多的可用线对，如图 2-28 所示。

图 2-28　大对数对绞电缆

25 对对绞电缆中的 25 对线分为 5 组，分别对应白色、红色、黑色、黄色和紫色 5 个组色，每组有 5 个线对，分别对应蓝色、橙色、绿色、棕色和灰色。为便于区分，线对中的一根导线的颜色为线对的颜色加组色的条纹，另一根导线的颜色是以组色为底色加线对颜色的条纹。

25 对线的颜色依次为白蓝 / 蓝白、白橙 / 橙白、白绿 / 绿白、白棕 / 棕白、白灰 /
灰白、红蓝 / 蓝红、红橙 / 橙红、红绿 / 绿红、红棕 / 棕红、红灰 / 灰红等。

线对数多于 25 对的对绞电缆的缆芯采用单位式结构，以 25 对线为一个基本单位，单位之间用扎带分隔。在一个基本单位内使用白蓝 / 蓝白~紫灰 / 灰紫的 25 种线对颜色组合编码，单位之间的扎带色谱为白蓝 / 蓝白~紫棕 / 棕紫的 24 种组合。因此，共可标注 25×24=600（对）电缆。

①大对数双绞线的组成。大对数双绞线是由 25 对具有绝缘保护层的铜导线组成的。它有 3 类 25 对大对数双绞线、5 类 25 对大对数双绞线，为用户提供更多的可用线对，并被设计为在扩展的传输距离上实现高速数据通信应用，传输速率为 100 Mbit/s。导线色彩由蓝、橙、棕、灰和白、红、黑、黄、紫编码组成。

②大对数双绞线的品种。大对数双绞线分为屏蔽大对数双绞线和非屏蔽大对数双绞线，如图 2-29 所示。

（a）   （b）

图 2-29　大对数双绞线

（a）屏蔽大对数双绞线；（b）非屏蔽大对数双绞线

5. 双绞线的防火性能

双绞线的防火主要关注电缆燃烧的速度、燃烧时释放出的烟雾密度和有毒气体的强度 3 个问题。

双绞线的防火性能取决于外层护套的材料，国内大多数布线用线缆采用聚氯乙烯（PVC）护套材料。其价格较低，机械性能稳定，但燃点低（允许工作温度在 70 ℃以下），当温度达到 160 ℃时，会发散出有毒卤素，并在燃烧时释放大量热量。

美国国家电气法规（NEC）定义了 3 种不同级别的通信电缆及其使用的材料。

（1）CMP（阻燃通信电缆）：使用特殊的材料，如特氟隆（Teflon）进行包裹，具有阻燃、低烟的特性。

（2）CMR（垂直通信电缆）：具有聚氯乙烯（PVC）外护层，其级别比 CMP 低，可被 CMP 替代。

（3）CM（通信通用电缆）：其为普通使用的通信电缆，级别最低，使用时可用其他两种电缆替代。

6. 双绞线的标注

电缆中导线的规格单位是 AWG（American Wire Gauge），这是指美国线规。布线常用电线缆规及其对应的相关参数见表 2-5。AWG 值越小，代表的导线直径越大。

表 2-5　常用电线缆规及其对应的相关参数

线规号	美国线规（AWG）						中国线规（CWG）	
	直径		质量		直流电阻		截面面积 /mm²	直径 / mm
	英寸	mm	磅[①]/（1 000 英尺）	kg/（1 000 m）	Ω/（1 000 英尺）	Ω/（1 000 m）		
26	0.015 9	0.404	0.765	1.140	41.0	135	0.129	0.404
25	0.017 9	0.455	0.970	1.440	32.4	106	0.162	0.455
24	0.020 1	0.511	1.220	1.820	25.7	84.2	0.206	0.511
23	0.022 6	0.574	1.550	2.310	20.3	66.6	0.258	0.574
22	0.025 3	0.643	1.940	2.890	16.2	53.2	0.326	0.643

---

① 1 磅 =0.454 千克。

7. 对绞电缆的选购

在目前的布线中，广泛使用超 5 类和 6 类对绞电缆。3 类与 5 类对绞电缆主要用于语音主干的大对数电缆布线。

6 类对绞电缆的导体线规不同于超 5 类的 24AWG，而多采用 23AWG。另外，6 类双绞电缆为了改善其性能，采用了与超 5 类对绞电缆不同的结构（骨架结构），在电缆中建一个十字交叉中心，把 4 个线对分成不同的信号区，以降低电缆的传输损耗，提高其衰减串音比，同时增加了电缆中线对的绞合密度，从而增强抑制串音的能力。电缆中的塑料十字骨架还可以在安装和使用过程中准确固定导线的位置，很好地减小回波损耗对传输的影响。

影响对绞电缆性能的因素较多，选购时，除考虑其种类和规格外，还应注意以下因素。

（1）从外观上看，对绞电缆的外护套上应当印有清晰的字迹，用于说明电缆的规格、遵循的标准等。

（2）切开对绞电缆的外护套，应当看出其中每个线对的缠绕密度是不同的，因此在同一段对绞电缆中各线对的长度应是不同的。

（3）通常规格较高的对绞电缆的缠绕密度较高，即 CAT 6 类高于 CAT 5e 类，而 CAT 7 类为屏蔽对绞电缆。

（4）注意对绞电线缆芯的硬度，观看其外表是否具有一定的自然弯曲，通常这种弯曲更易于现场布线施工。

（5）注意对绞电缆的粗细是否与外套上所列印的 AWG 值相同，以及线芯的直径是否均匀且符合标准。

（6）注意对绞电缆的阻燃特性是否与其外护套上打印的规格一致。

（7）向生产厂商索取对绞电缆的有关参数，并与标准进行对比，了解布线产品的生产标准，以确保其性能。

（三）同轴电缆

同轴电缆由一根空心的外圆柱导体及其所包围的单根内导线所组成，如图 2-30 所示。用来传递信息的一对导体是按照一层圆筒式的外导体套在内导体（一根细芯）外面，两个导体间用绝缘材料互相隔离的结构制作的，外层导体和中心轴芯线的圆心在同一个轴心上，所以叫作同轴电缆。同轴电缆之所以设计成这样，是为了防止外部电磁波干扰异常信号的传递。

同轴电缆可分为两种基本类型：基带同轴电缆和宽带同轴电缆。目前，基带同

图 2-30　同轴电缆

轴电缆，其屏蔽线用铜做成网状，特征阻抗为 50 Ω，如 RG-8、RG-58 等；宽带同轴电缆，其屏蔽线通常用铝冲压而成，特征阻抗为 75 Ω，如 RG-59 等。

同轴电缆根据其直径大小可以分为粗同轴电缆与细同轴电缆。

四、光纤和光缆

认识光纤和光缆

（一）光纤通信系统

光纤通信是以光波为载体、以光导纤维为传输介质的通信方式，起主导作用的是光源、光纤、光发送机和光接收机。

光纤通信系统的主要优点如下。

（1）传输频带宽、通信容量大，短距离时传输速率可达几千兆比特每秒。

（2）线路损耗低、传输距离远。

（3）抗干扰能力强、应用范围广。

（4）线径细、质量小。

（5）抗化学腐蚀能力强。

（6）光纤制造资源丰富。

1. 光端机

光端机是光通信的一个主要设备，主要分为模拟信号光端机和数字信号光端机两大类。

2. 吹光纤铺设技术

所谓"吹光纤"即预先在建筑群中铺设特制的管道，在实际需要采用光纤进行通信时，再将光纤通过压缩空气吹入管道。

（1）吹光纤系统的组成。吹光纤系统由微管和微管组、吹光纤、附件和安装设备组成。

1）微管和微管组。微管有 5 mm 和 8 mm（外径）两种规格。所有微管外皮均采用阻燃、低烟、不含卤素的材料，在燃烧时不会产生有毒气体，符合国际标准的要求。

2）吹光纤。吹光纤有多模 62.5/125、50/125 和单模三类。

3）附件。附件包括 19 英寸光纤配线架、跳线、墙上及地面光纤出线盒、用于微管间连接的陶瓷接头等。

4）安装设备。1996 年，英国 BICC 公司在原设备的基础上进行了大量改进，推出了改进型设备 IM2000，如图 2-31 所示。

（2）吹光纤系统的性能特点及优越性。吹光纤系统与传统光纤系统的区别主要在于其铺设方式。光纤本身的衰减等指标与普通光纤相同，同样可采用 ST、SC 型接头端接，而且吹光纤系统的造价与普通光纤系统相差无几。吹光纤系统具有 4 大优越性。

1）分散投资成本；

2）安装安全、灵活、方便；

3）便于网络升级换代；

4）节省投资，避免浪费。

图 2-31　安装设备 IM2000

（二）光纤

光纤（光导纤维的简称）是一种传输光束的细微而柔韧的媒质。光纤按其材料的不同可分为石英光纤和塑料光纤两种。通常使用的光纤都是石英光纤。光纤的结构如图 2-32 所示，自里向外依次为纤芯、包层和涂覆层。光纤通常由石英玻璃制成，其横截面积很小的双层同心圆柱体称为纤芯。纤芯质地脆，易断裂，由于这一缺点，故需要外加一个保护层。

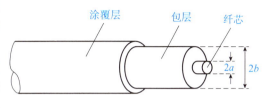

图 2-32　光纤的结构

纤芯（直径很小，为几个微米到几十个微米）是光的传导部分，包层（外径一般为 125 μm）的作用是将光封闭在纤芯内，因此，纤芯和包层是不可分离的，合起来组成裸光纤，决定光纤的光学特性和传输特性。

涂覆层是光纤的第一层保护，由一层或几层聚合物构成，在光纤制造过程中涂覆到光纤上，在光纤受到外界震动时保护光纤的光学性能和物理性能，还可以隔离外界水气的侵蚀，并提高光纤的柔韧性。

1. 光纤的传输原理

光纤是利用光的全反射原理来导光的。纤芯折射率 $n_1 \geqslant$ 包层折射率 n_2，光在光纤中的传输过程如图 2-33 所示。

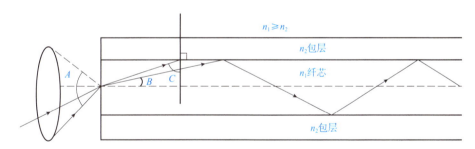

图 2-33　光在光纤中的传输过程

2. 光纤的损耗

造成光纤损耗的主要因素有本征、弯曲、挤压、杂质、不均匀和对接等。

（1）本征。本征是指光纤的固有损耗，包括瑞利散射、固有吸收等。

（2）弯曲。弯曲是指光纤弯曲时，光纤内的部分光会因散射而损失，造成损耗。

（3）挤压。挤压是指光纤受到挤压时，产生微小的弯曲而造成损耗。

（4）杂质。杂质是指光纤内杂质吸收和散射在光纤中传播的光，造成损耗。

（5）不均匀。不均匀是指光纤材料的折射率不均匀造成损耗。

（6）对接。对接是指光纤对接时产生损耗，如不同轴、端面与轴心不垂直、端面不平、对接芯径不匹配和熔接质量差等。

3. 光纤的种类

（1）按光在光纤中的传输模式划分，光纤可分为多模光纤和单模光纤两种。

1）多模光纤可传输多种模式的光，其模间色散较大，限制了带宽，且随距离的增加会更加严重。例如：600 MB/km 的光纤在传输距离达到 2 km 时就只有 300 MB 的带宽。因此，多模光纤的传输距离比较短，一般只有几千米。

2）单模光纤只能传输一种模式的光，其模间色散很小，适用于远程通信，但其色度色散起主要作用，因此，单模光纤对光源的谱宽和稳定性有较高的要求，即谱宽要窄，稳定性要好。

（2）按纤芯到包层的折射率变化情况划分，光纤可分为突变型光纤和渐变型光纤两种。

1）突变型光纤是指光纤纤芯到包层的折射率是跃变的。单模光纤常为突变型光纤（也称为均匀光纤），纤芯和包层的折射率都是一个常数，但纤芯的折射率高于包层的折射率，在纤芯和包层的交界面处折射率呈阶梯型变化。

2）渐变型光纤是指光纤纤芯到包层的折射率是逐渐变化的，即光纤纤芯的折射率随着半径的增加按一定规律（近似抛物线）减小，到纤芯和包层的交界处变为包层的折射率。多模光纤常为渐变型光纤（也称为非均匀光纤）。

（3）按波长窗口划分，光纤有 3 个波长区：0.85 μm 波长区（0.8～0.9 μm）、1.3 μm 波长区（1.25～1.35 μm）和 1.5 μm 波长区（1.53～1.58 μm）。

不同波长范围的光纤损耗是不同的，其中 0.85 μm 波长区为多模光纤通信方式，1.5 μm 波长区为单模光纤通信方式，1.3 μm 波长区有多模光纤和单模光纤两种通信方式。网络综合布线采用 0.85 μm 和 1.3 μm 两个波长区。

（4）按纤芯直径划分，布线所用光纤主要有两类：62.5/125 μm 渐变增强型多模光纤和 8.3/125 μm 突变型单模光纤。

光纤的包层直径均为 125 μm。其中，62.5/125 μm 渐变增强型多模光纤被推荐应用于所有的建筑物综合布线。光纤具有以下优点。

1）光耦合效率高；

2）光纤对准要求不太严格，需要较少的管理点和接头盒；

3）对微弯曲损耗不太灵敏；

4）符合 FDDI 标准。

8.3/125 μm 突变型单模光纤常用于传输距离大于 2 km 的建筑群。

（三）光缆

光导纤维电缆由一捆纤维组成，简称光缆。图 2-34 所示为光缆的结构。

光缆是指由单芯或多芯光纤制成的符合光学、机械和环境特性的线缆。

光纤的涂覆层很薄，在其外面套塑，称为二次涂覆。套塑后的光纤称为芯线，还不能直接在工程中使用，必须把若干根光纤疏松地置于特制的塑料套管（松套管）内，再用钢（或铝）带铠装，加上外护套后才形成光缆。图 2-35 所示为光缆示意。

光缆是数据传输中最有效的一种传输介质。它有以下几个优点。

（1）频带较宽。

（2）电磁绝缘性能好。光缆中传输的是光束，由于光束不受外界电磁干扰，且本身也不向外辐射信号，所以它适用于长距离的信息传输及要求高度安全的场合。但抽头困难是它固有的难题，因为割开的光缆需要再生和重发信号。

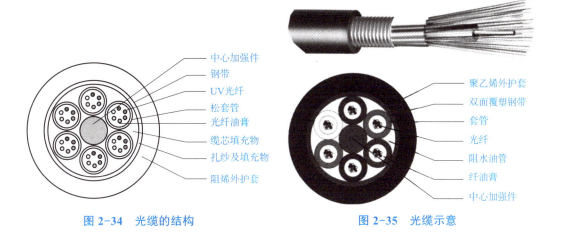

| 图 2-34　光缆的结构 | 图 2-35　光缆示意 |

（3）衰减较小。可以说在较长距离和范围内信号是一个常数。

（4）无中继段长。在长途通信中，可以减少中继器的数目，降低成本。根据贝尔实验室的测试，当数据的传输速率为 420 Mbit/s，距离为 119 km 且无中继器时，其误码率为 10^{-8}，可见其传输质量很好。

1. 光缆的种类

光缆有多种分类方法，通常按应用环境，将光缆分为室外光缆和室内光缆两种；也常按缆芯结构的不同，将光缆分为束管式光缆、层绞式光缆、带式光缆、非金属光缆和可分支光缆等。此外，还常按敷设方式的不同，把光缆分为架空光缆、管道光缆、直埋光缆和海底光缆等。

（1）室内光缆。室内光缆主要有室内多用途光缆，室内分支光缆，室内软光缆，室内带状、束状光缆等。

室内光缆主要由紧套光纤、芳纶纱及 PVC 外护套组成。

室内光缆根据光纤类型可分为单模及多模两大类，单模室内光缆通常外护套颜色为黄色，多模室内光缆通常外护套颜色为橙色，还有部分室内光缆的外护套颜色为灰色或黑色。

室内皮线光缆的外形呈扁平状，有利于贴墙布放。

室内光缆尺寸小、质量小、柔软，容易开剥，易于布放，且具有阻燃性。具体如图 2-36 所示，主要用于建筑物内干线子系统和配线子系统布线。

（2）室外光缆。室外光缆主要有松套层绞式光缆、中心束管式光缆和骨架式光缆 3 种。目前国内采用较多的是松套层绞式光缆和中心束管式光缆。

1）松套层绞式光缆。松套层绞式光缆的结构如图 2-37 所示，中心加强件位于光缆的中心，5 ～ 12 根松套管（或部分填充绳）以绞合的方式绞合在中心加强件上，绞合通常为 SZ 绞合。

松套管作为光缆承载元件和光纤的缓冲保护层，套管直径是光纤直径的几倍，使光纤可以在套管中自由活动，同时使光纤与光缆中的其他部分隔离开来，可以防止缓冲层收缩或扩张所引起的应力破坏。

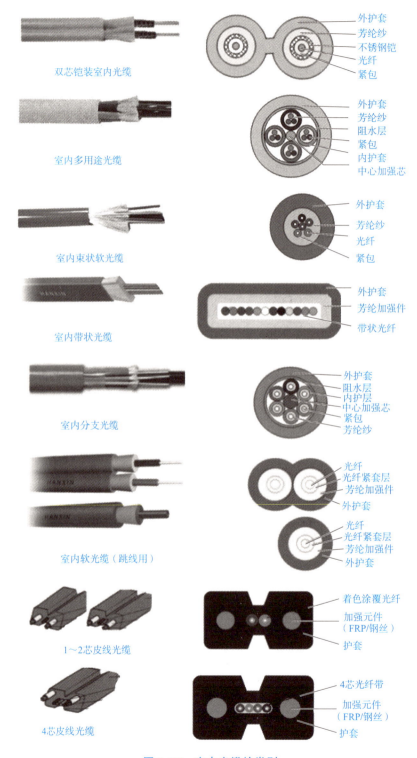

双芯铠装室内光缆

外护套
芳纶纱
不锈钢铠
光纤
紧包

室内多用途光缆

外护套
芳纶纱
阻水层
紧包
内护套
中心加强芯

室内束状软光缆

外护套
芳纶纱
光纤
紧包

室内带状光缆

外护套
芳纶加强件
带状光纤

室内分支光缆

外护套
阻水层
内护层
中心加强芯
紧包
芳纶纱

室内软光缆（跳线用）

光纤
光纤紧套层
芳纶加强件
外护套

光纤
光纤紧套层
芳纶加强件
外护套

1～2芯皮线光缆

着色涂覆光纤
加强元件
（FRP/钢丝）
护套

4芯皮线光缆

4芯光纤带
加强元件
（FRP/钢丝）
护套

图 2-36 室内光缆的类别

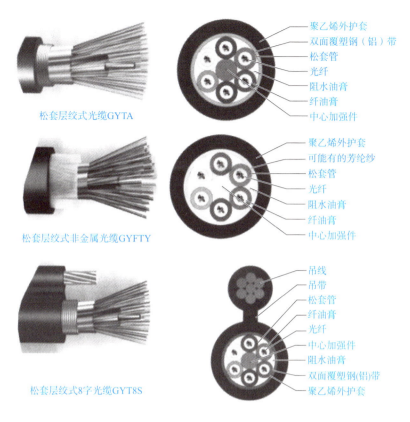

松套层绞式光缆GYTA

聚乙烯外护套
双面覆塑钢（铝）带
松套管
光纤
阻水油膏
纤油膏
中心加强件

松套层绞式非金属光缆GYFTY

聚乙烯外护套
可能有的芳纶纱
松套管
光纤
阻水油膏
纤油膏
中心加强件

松套层绞式8字光缆GYT8S

吊线
吊带
松套管
纤油膏
光纤
中心加强件
阻水油膏
双面覆塑钢(铝)带
聚乙烯外护套

图 2-37　松套层绞式光缆的结构

松套管内填充有专用油膏（纤油膏），其主要作用是防水，减轻 OH^- 损耗，另外，在光纤受到剪切力时，这种专用油膏如同一个有弹性的固体；当光纤受到拉力时，该专用油膏又如同液体，允许光纤束在其中移动，能大大减小光纤的微弯曲损耗。

通过对松套管的组合可以得到较大芯数的光缆，适宜直埋、管道敷设，也可用于架空敷设。

2）中心束管式光缆。中心束管式光缆的结构如图 2-38 所示，它由一根二次光纤松套管或螺旋形光纤松套管无绞合地直接放在光缆的中心位置（利于光缆弯曲），两根平行加强钢丝或玻璃钢圆棒位于聚氯乙烯护套中。光缆中光纤芯数较少，通常为 12 芯以下。

3）骨架式光缆。骨架式光缆是一种外径小而光纤芯数多的光缆，均为带状光纤结构，适用于局间通信和接入网；其敷设方式为管道和架空。

骨架式光缆是将已制好的光纤带叠放在螺旋骨架槽中制成缆芯，并用阻水带绕包骨架，再在缆芯外加防护材料（PE 料）制成。其结构如图 2-39 所示。这种光缆使用骨架和中心加强件为支撑单元。骨架采用高密度聚乙烯材料、单向骨架或双向 SZ 骨架结构，抗侧压性能好，对光纤带有很好的保护，同时可以防止开剥光缆时损伤光纤。中心加强件是单根钢丝或多根绞合钢丝，骨架和钢丝黏结在一起形成整体，以保证光缆的机械性能和温度特性。骨架槽沿光缆呈螺旋式旋转，在骨架槽内放入信息载体。

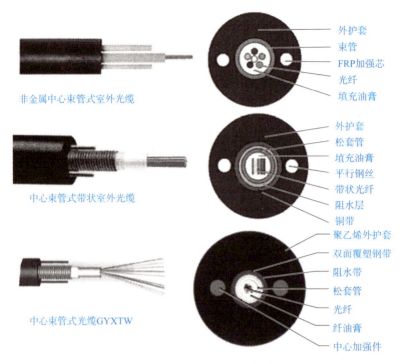

图 2-38　中心束管式光缆的结构

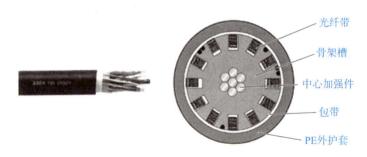

图 2-39　骨架式光缆的结构

2. **光缆的型号**

光缆的型号由型式代号和规格代号两部分组成。

（1）光缆的型式代号。从左至右依次为光缆类别代号、加强件类型、缆芯结构特性、护层代号和外护套 5 部分。

1）光缆类别代号。

GY：通信用室（野）外光缆；

GM：通信用移动式光缆；

GJ：通信用室（局）内光缆；

GS：通信用设备内光缆；

GH：通信用海底光缆；

GT：通信用特殊光缆。

2）加强件类型。

无：金属加强件；

F：非金属加强件；

G：金属重型加强件。

3）缆芯结构特性。

S：光纤松套被覆结构；

J：光纤紧套被覆结构；

D：光纤带结构；

无：层绞式结构；

G：骨架槽结构；

X：缆中心管（被覆）结构；

T：填充式结构；

R：充气式结构；

B：扁平结构；

Z：阻燃结构；

C：自承式结构（C8：8字形自承式结构）。

4）护层代号。

Y：聚乙烯；

V：聚氯乙烯；

F：氟塑料；

U：聚氨酯；

E：聚酯弹性体；

A：铝带－聚乙烯黏结护层；

S：钢带－聚乙烯黏结护层；

W：夹带钢丝的钢带－聚乙烯黏结护层；

L：铝；

G：钢；

Q：铅。

5）外护套。

①铠装层（方式）：0——无铠装；2——双钢带；3——细圆钢丝；4——粗圆钢丝；5——皱纹钢带；6——双层圆钢丝。

②外护层（材料）：1——纤维外护套；2——聚氯乙烯护套；3——聚乙烯护套；4——聚乙烯护套加敷尼龙护套；5——聚乙烯管护套；53——皱纹钢带纵包铠装聚乙烯护套；23——绕包钢带铠装聚乙烯护套；33——细钢丝绕包铠装聚乙烯护套；43——粗钢丝绕包铠装聚乙烯护套；333——双层细钢丝绕包铠装聚乙烯护套。

（2）光缆的规格代号。光缆的规格代号由光纤芯数和光纤类别两部分组成。

1）光纤芯数：直接由阿拉伯数字表示。

2）光纤类别：先用大写A表示多模光纤，B表示单模光纤；再以数字和小写字母表示不同种类、类型的光纤。具体见表2-6。

表 2-6　光缆的规格代号

代号	光纤类别对应 ITUT 标准
A1a 或 A1	50/125 μm 二氧化硅系渐变型多模光纤
A1b	62.5/125 μm 二氧化硅系渐变型多模光纤
B1.1 或 B1	二氧化硅普通单模光纤
B2	色散位移型单模式光纤
B4	非零色散位移型单模式光纤

（3）光缆型号示例。

【例 2-1】光缆型号为 GYTA53-12A1。

表示：松套层绞式、金属加强件、填充式、铝带－聚乙烯黏结护套、纵包皱纹钢带铠装、聚乙烯外护套、通信用室外光缆，内装 12 根渐变型多模光纤。

【例 2-2】光缆型号为 GYDXTW-144B1。

表示：中心束管式、带状光纤、金属加强件、填充式、夹带钢丝的钢带－聚乙烯黏结护层、通信用室外光缆，内装 144 根常规单模光纤（G652）。

【例 2-3】光缆型号为 GJFBZY-12B1。

表示：扁平型、非金属加强构件、阻燃聚乙烯外护套、通信用室内光缆，内装 12 根常规单模光纤（G652）。

另外，GYXTW——金属加强件、中心管填充式、夹带钢丝的钢－聚乙烯黏结护层通信用室外光缆，适用于管道及架空敷设。

3. 光缆的端别和光纤纤序

光缆中的光纤单元、单元内的光纤均采用色谱或领示色来标识光缆的端别与光纤纤序。

（1）光缆的端别。为便于施工和维护，一条光缆的两端有 A、B 端之分，要求施工时，A-B 或 B-A 相接，布放时，按规定端别朝向布局摆放。长途光缆，北（东）方向为 A 端，南（西）方向为 B 端；本地光缆中的局间中继光缆，以局号小或容量大的中心局端为 A 端，对端为 B 端局；用户光缆，A 端始终朝向局端，B 端始终朝向用户端。

根据不同生产厂家的规定，光缆的端别可按如下方法识别。

方法一：光缆出厂（新光缆）时，红点端为 A 端，绿点端为 B 端；光缆的外护套上的长度数字小的一端为 A 端，外护套上的长度数字大的一端为 B 端。

方法二：对于使用过的光缆（旧的光缆，其红、绿点和长度数字都有可能看不见了），可以面对光缆端面，松套管颜色按蓝、橙、绿、棕、灰、白顺时针排列的一端为 A 端，反之是 B 端。

（2）光缆中的光纤纤序。GYTA144B1 型 144 芯松套层绞式光缆的结构如图 2-40（a）所示。每管松套光纤由 12 根光纤组成。为了便于各松套管识别，松套管采用红、绿领示色谱。松套管内光纤遵照蓝、橙、绿、棕、灰、白、红、黑、黄、紫、粉红、青绿的色谱规定。GYTA144B1 型 144 芯光缆缆芯的成缆由外径相同的 12

管松套光纤以 SZ 绞方式［图 2-40（b）］、合理的节距和适当的张力层绞在中心加强件的四周。

图 2-40　GYTA144B1 型 144 芯松套层绞式光缆的结构和成缆方式
（a）结构；（b）成缆方式

因此，光缆中光纤纤序的排定，首先按红、绿领示色谱的顺序找松套管，在一个松套管中（如果有 12 根光纤）再按蓝、橙、绿、棕、灰、白、红、黑、黄、紫、粉红（浅蓝）、青绿（浅橙）的顺序来排光纤。如果一个套管中只包含 6 根光纤，则蓝色松套管中的蓝、橙、绿、棕、灰、白 6 根光纤对应 1 ～ 6 号光纤，橙色松套管中的蓝、橙、绿、棕、灰、白 6 根光纤对应 7 ～ 12 号光纤，……依此类推，直到排完所有松套管中的光纤为止。

（3）光缆端别和光纤纤序识别示例。

【例 2-4】已知某光缆端面示意如图 2-41 所示，请回答下列问题。

（1）这是光缆的哪一端？

（2）纤序怎样？

解：（1）因为蓝、橙松套管是顺时针次序排列的，所以这是光缆的 A 端。

（2）纤序：蓝色松套管中的蓝、橙、绿、棕、灰、白纤分别为 1 ～ 6 号光纤，橙色松套管中的蓝、橙、绿、棕、灰、白纤分别为 7 ～ 12 号光纤。这是一条 12 芯的松套管层绞式光缆，其中，填充绳的主要作用是稳固缆芯结构，提高光缆的抗侧压能力。

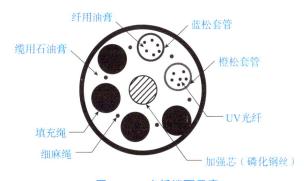

图 2-41　光纤端面示意

4. 光缆的物理性能和环境性能

光缆的传输性能是由光缆中光纤的质量来决定的，而光缆的物理性能和环境性能则是由护套层来决定的。光缆的设计寿命一般为 40 年，在这样长的时间内要保持光缆的传输性能，必须对光缆的物理性能和环境性能提出严格的技术要求，并进行有效的保护。

（1）光缆的物理性能。光缆的物理性能应能保证光缆为光纤提供足够的保护，使光纤在运输、施工及运行维护期内不会遭受损坏，并能保持光纤的优良传输性能。光缆的保护层应采用耐磨性能优越的高密度聚乙烯护套。采用这种护套可获得 3 大好处。

1）抗磨损能力强，从而施工简便省时；

2）摩擦系数小，在管道中能拉放较长的距离，从而减少了光缆的接头（接续）个数；

3）抗化学腐蚀能力强，对于酸性土壤和石油污染都有很强的抵抗能力，从而延长了寿命。

（2）光缆的环境性能。光缆的环境性能应该按照其使用的环境要求具有良好的温度衰减、足够的机械强度，防水渗透，耐电痕，阻燃等。敷设在室外的光缆，其环境性能还与周围环境的变化有关。总之，光缆的选择必须适应其使用的环境条件要求，主要注意以下方面。

1）光缆环境性能与温度的变化密切相关。光缆在各环境下可承受的温度范围如下。

储存 / 运输时：−50 ℃～ +70 ℃；

施工敷设时：−30 ℃～ +70 ℃；

维护运行时：−40 ℃～ +70 ℃。

2）光缆对核辐射的防护性能。当光缆受到核辐射时，光纤玻璃结构将发生缺陷性改变，从而使光纤损耗变大。

3）防雷性能。雷击对光缆的破坏作用主要有以下两个方面。

①雷电击中具有金属保护层的光缆时，强大的雷电峰值电流通过金属保护层转换为热能，其产生的高温足以使金属熔融或穿孔，从而影响光纤的传输性能。

②雷电峰值电流在附近大地中流过时，土壤中产生巨大的热能，使周围的水分迅速变成水蒸气而产生类似气锤的冲击力，使光缆变形，破坏光纤性能。

判断光缆质量的优劣，除了需要检验其构造、几何尺寸、光缆长度、单位质量、色谱标志以及有关材料的性能等项外，还需要重点检查光缆的传输性能、物理性能及环境性能。

5. 光缆的选用

光缆的选用除了考虑光纤芯数和光纤种类之外，还要根据光缆的使用环境来选择光缆的外护套。

（1）户外用光缆直埋时，宜选用铠装光缆。架空敷设时，可选用带两根或多根加强筋的黑色塑料外护套光缆。

（2）选用建筑物光缆时应注意其阻燃、毒和烟的特性。一般在管道中或强制通风处可选用阻燃但有烟的类型；在暴露的环境中应选用阻燃、无毒和无烟的类型；在楼内垂直布缆时，可选用层绞式光缆；而水平（配线）布缆时，可选用可分支光缆。

（3）传输距离在 2 km 以内时，选用多模光缆，传输距离 超过 2 km 时可选用中继或单模光缆。

（四）光纤连接件

光纤配线架（ODF）

光纤配线架用于光缆的成端端接和光纤的分配，具有光缆固定、保护和接地，光缆纤芯与尾纤的熔接，光路的调配，冗余光纤及尾纤的存储管理等功能。

根据安装方式的不同，光纤配线架可分为机柜式光纤配线架和壁挂式光纤配线架等类型，适用于不同芯数光缆与各种规格的光纤的活动。

机柜式光纤配线架可以安装于 19 英寸标准机柜内。图 2-42 所示的机柜式光纤配线架为 1 U 高度（1 U=1.75 英寸 ≈ 4.445 厘米），内部提供光纤熔接托盘，充足的盘纤空间可保证光缆的弯曲半径，可以实现在 1 U 高度上 6 ～ 24 口的应用。

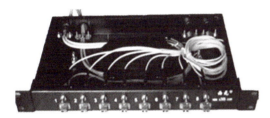

图 2-42　机柜式光纤配线架

在电信机房、某些大型综合布线场合可能会用到 ODF 机柜和 72 芯 ODF 单元，其外观和内部结构如图 2-43 所示。

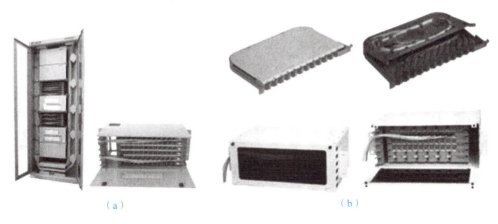

（a）　　　　　　　　　　　（b）

图 2-43　ODF 机柜及 ODF 单元
（a）ODF 机柜；（b）72 芯 ODF 单元

壁挂式光纤盒、架空式野外接续盒、埋地式野外接续盒如图 2-44 所示。

（1）传统光纤连接器。传统光纤连接器有 FC 型（螺纹连接式）、SC 型（直插式）和 ST 型（卡扣式）3 种，如图 2-45 所示。

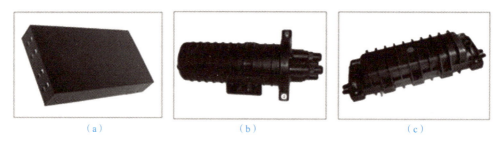

（a）　　　　　　　　　（b）　　　　　　　　　（c）

图 2-44　光纤盒、接续盒

（a）8 口壁挂式光纤盒；（b）架空式野外接续盒；（c）埋地式野外接续盒

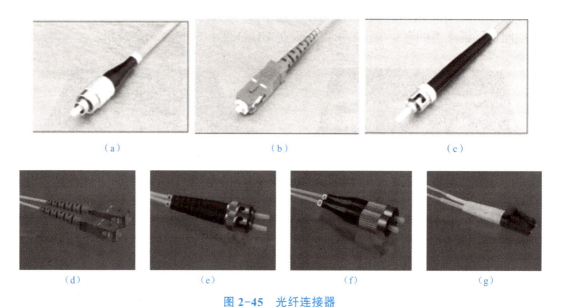

（a）　　　　　　　　　（b）　　　　　　　　　（c）

（d）　　　　　　（e）　　　　　　（f）　　　　　　（g）

图 2-45　光纤连接器

（a）FC 头；（b）SC 头；（c）ST 头；（d）SC/SC 光纤跳线；
（e）ST/ST 光纤跳线；（f）FC/FC 光纤跳线；（g）LC/LC 光纤跳线

其中，FC 型光纤连接器的外壳呈圆形，其外部加强采用金属套，紧固方式为螺丝扣。SC 型光纤连接器的外壳呈方形，紧固方式为插拔销闩式。ST 型光纤连接器的外壳呈圆形，紧固方式为卡扣式。

（2）小型化（SFF）光纤连接器。其用于满足用户对连接器小型化、高密度连接的使用要求。其占用空间只相当于传统 ST 和 SC 型连接器的一半，已越来越受到用户的喜爱，成为光纤连接器的发展方向。目前主要的 SFF 光纤连接器有美国朗讯公司开发的 LC 型光纤连接器、日本 NTT 公司开发的 MU 型光纤连接器和美国 Tyco Electronics 和 Siecor 公司联合开发的 MT-RJ 型光纤连接器，其外形如图 2-46 所示。

光纤适配器又称为光耦合器，如图 2-47 所示。其是将两对或一对光纤连接器进行连接的器件。其用于连接已成端的光纤或尾纤，是实现光纤活动连接的重要器件之一。

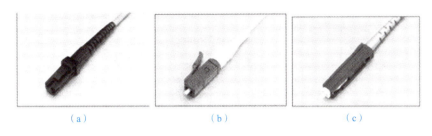

（a）　　　　　　　　（b）　　　　　　　　（c）

图 2-46　SFF 光纤连接器

（a）MT-RJ 型；（b）LC 型；（c）MU 型

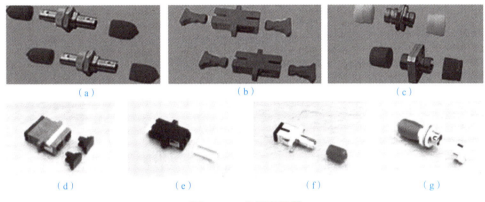

（a）　　　　　　　　（b）　　　　　　　　（c）

（d）　　　　　　（e）　　　　　　（f）　　　　　　（g）

图 2-47　光纤适配器

（a）ST 耦合器；（b）SC 耦合器；（c）FC 耦合器；（d）SC 型双芯适配器；
（e）LC 型双芯适配器；（f）SC-ST 型适配器；（g）FC-ST 型适配器

（五）光纤跳线和光纤尾纤

光纤跳线是指两端带有光纤连接器的光纤软线，又称为互连光缆，有单芯和双芯、单模和多模之分。单模光纤跳线为黄色，多模光纤跳线为橘红（橙）色。其主要用于光纤配线架到交换机光口或光电转换器之间、光纤插座与计算机之间的连接。根据需要，光纤跳线两端的连接器可以是同类型的，也可以是不同类型的，其长度一般在 5 m 以内，如图 2-48 所示。

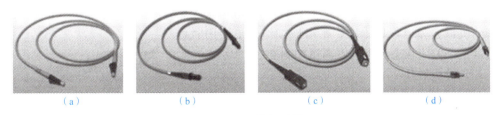

（a）　　　　　　　（b）　　　　　　　（c）　　　　　　　（d）

图 2-48　光纤跳线

（a）LC-LC；（b）MT-RJ-MT-RJ；（c）SC-SC；（d）ST-ST

光纤尾纤的一端是光纤，另一端是光纤连接器。其采用光纤熔接法制作光缆成端。事实上，一条光纤跳线剪断后，就成了两条光纤尾纤，如图 2-49 所示。

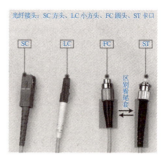

图 2-49　光纤尾纤

（六）光纤插座

当光纤连接到桌面时，需要安装光纤插座，光纤插座是一个带光纤适配器的光纤面板，如图 2-50 所示。

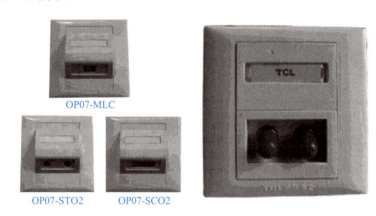

OP07-MLC

OP07-STO2　　OP07-SCO2

图 2-50　光纤插座

（七）光纤工具

光纤工具用于玻璃光纤涂覆层和外护层。光纤剥离钳的种类很多。爽口光纤剥离钳具有双开口、多功能的特点。钳刃上的 V 形口用于精确剥离 250 gm、500 pm 的涂覆层和 900 μm 的缓冲层。第二开孔用于剥离 3 mlT1 的尾纤外护层。所有的切端面都有精密的机械公差以保证干净、平滑地操作。不使用时可使刀口锁在关闭状态。光纤剥离钳如图 2-51 所示。

1. 光纤切割刀

光纤切割刀用于切割头发一样细的光纤，切出来的光纤用几百倍的放大镜可以看出来是平的，切后且平的两根光纤才可以放电对接，如图 2-52 所示。

目前光纤使用的材料为石英，所以光纤切割刀所切的材质是有要求的。

（1）所适应的光纤：单芯或多芯石英裸光纤。

图 2-51　光纤剥离钳

（2）所适应的光纤包层直径：100 ～ 150 μm。

2. 光纤熔接机

光纤熔接机主要用于光通信中光缆的施工和维护。其主要是靠放出电弧将两头光纤熔化，同时运用准直原理平缓推进，以实现光纤模场的耦合。光纤熔接机主要用于各大电信运营商、工程公司、企事业单位专网等；也用于生产光纤无源和有源器件和模块等的光纤熔接。

现在为了施工的方便人们开发出手持式光纤熔接机，还有专门用来熔接带状光纤的带状光纤熔接机。光纤熔接机如图 2-53 所示。

图 2-52　光纤切割刀

图 2-53　光纤熔接机

五、线管、线槽与桥架

认识线管、线槽与桥架

（一）线管

线管是指圆形的线缆支撑保护材料，用于构建线缆的敷设通道。在网络综合布线系统中使用的线管主要有塑料管和金属管（钢管）两种。一般要求线管具有一定的抗压强度，可明敷墙外或暗敷于混凝土内；具有耐一般酸碱腐蚀的能力，防虫蛀、鼠咬；具有阻燃性，能避免火势蔓延；表面光滑、壁厚均匀。

1. 金属管

金属管是用于分支结构或暗埋的线路，它的规格也有多种，外径以 mm 为单位。金属管的外形如图 2-54 所示。

工程施工中常用的金属管有 D16、D20、D25、D32、D40、D50、D63、D25、D110 等规格。

金属管（钢管）具有屏蔽电磁干扰能力强、机械强度高、密封性能好、抗弯、抗压和抗拉性能好等优点，但抗腐蚀能力差，施工难度大。为了提高其抗腐蚀能力，内外表面全部采用镀锌处理，要求表面光滑无毛刺，以防止在施工过程中划伤线缆。

钢管按壁厚不同分为普通钢管（水压实验压力为 2.5 MPa）、加厚钢管（水压实验压力为 3 MPa）和薄壁钢管（水压实验压力为 2 MPa）3 种。

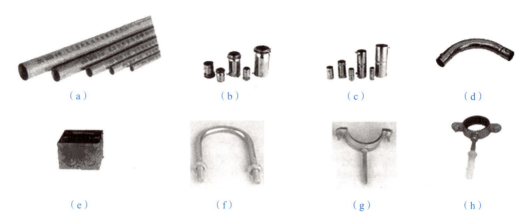

图 2-54　金属管的外形

（a）金属管；（b）螺纹接头；（c）直接头；（d）金属弯头；（e）金属底盒；（f）U 形管卡；（g）金属抱箍；（h）金属管卡

普通钢管和加厚钢管统称为水管，具有较大的承压能力，在网络综合布线系统中主要用在房屋底层。薄壁钢管简称薄管或电管，其因为管壁较薄，承受压力不能太大，常用于建筑物吊顶内外部受力较小的暗敷管路。

布线中常用的金属管有 $D16$、$D20$、$D25$、$D32$、$D40$、$D50$、$D63$ 等规格。此外，还有一种较软的金属管，叫作软管（俗称蛇皮管），在弯曲的地方使用。

2. 塑料管

塑料管产品分为两大类：PE 阻燃导管和 PVC 阻燃导管。塑料管的外形如图 2-55 所示。

PE 阻燃导管是一种塑制半硬导管。按外径划分，其可分为 $D16$、$D20$、$D25$、$D32$ 等 4 种规格。

PVC 阻燃导管以聚氯乙烯树脂为主要原料。按外径划分，其可分为 $D16$、$D20$、$D25$、$D32$、$D40$、$D45$、$D63$、$D110$ 等规格。

图 2-55　塑料管的外形

与 PVC 管安装配套的附件有接头、螺圈、弯头、弯管弹簧；一通接线盒、二通接线盒、三通接线盒、四通接线盒、开口管卡、专用截管器、PVC 黏合剂等。

塑料管是由树脂、稳定剂、润滑剂及添加剂配制挤塑成型的。目前用于综合布线线缆保护的塑料管主要有聚氯乙烯（PVC-U）管、PVC 蜂窝管、双壁波纹管、子管、铝塑复合管和硅芯管等。

3. 聚氯乙烯（PVC-U）管

聚氯乙烯（PVC-U）管是综合布线中最常使用的一种塑料管，管长通常为 4 m、5.5 m 或 6 m，具有优异的耐酸、耐碱、耐腐蚀性能，耐外压强度和耐冲击强度都很高，还有优异的电气绝缘性能，适用于各种条件下的线缆保护。其有 $D16$、$D20$、$D25$、$D32$、$D40$、$D45$、$D63$ 等规格，如图 2-56 所示。

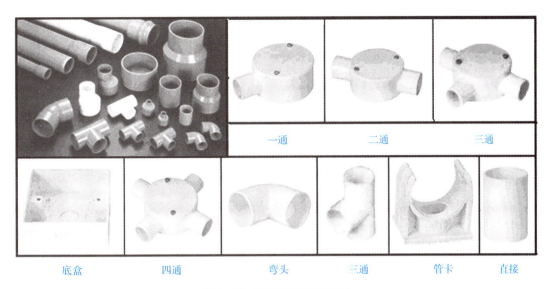

| 一通 | 二通 | 三通 |
| 底盒 | 四通 | 弯头 | 三通 | 管卡 | 直接 |

图 2-56 聚氯乙烯管及配件

4. PVC 蜂窝管

PVC 蜂窝管是一种新型的光缆护套管，采用一体多孔蜂窝结构，便于光缆的穿入、隔离及保护，具有提高功效、节约成本、安装方便可靠等优点。PVC 蜂窝管有 3 孔、4 孔、5 孔、6 孔、7 孔等规格，如图 2-57 所示。

5. 双壁波纹管

双壁波纹管是一种内壁光滑、外壁呈波纹状并具有密封胶圈的新型塑料管，如图 2-58 所示。

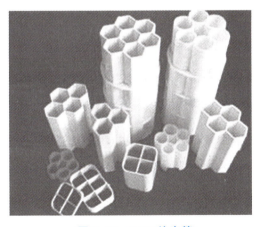

图 2-57 PVC 蜂窝管

图 2-58 双壁波纹管

双壁波纹管结构先进，除具有普通塑料管的耐腐、绝缘、内壁光滑、使用寿命长等优点外，还具有以下独特的技术性能。

（1）刚性大，耐压强度高于同等规格的普通塑料管；

（2）质量是同规格普通塑料管的一半，从而方便施工，可降低劳动强度；

（3）密封好，在地下水水位高的地方使用更能显示其优越性；

（4）波纹结构能加强管道对土壤负荷的抵抗力，便于连续敷设在凹凸不平的作业面上；

（5）工程造价比普通塑料管降低 1/3。

6. 子管

子管口径小，管材质软，具有柔韧性能好、可小角度弯曲使用、敷设安装灵活方便等特点，用于对光、电缆的直接保护，如图 2-59 所示。当光、电缆同槽敷设时，光缆一定要穿放在子管中。

7. 硅芯管

硅芯管是采用高密度聚乙烯和硅胶混合物经复合挤出而成的，内壁预置永久润滑内衬（硅胶），如图 2-60 所示。其具有更小的摩擦系数，应用于气吹法布放光缆，敷管快速，一次性穿缆长度为 500 ～ 2 000 m，沿线接头、人孔、手孔可相应减少，从而降低施工成本。

图 2-59　子管

图 2-60　硅芯管

（二）线管的选择

选择布线用管材时应根据具体要求，以满足需要和经济性为原则，主要考虑机械（抗压、抗拉伸或抗剪切）性能、抗腐拒变的能力、电磁屏蔽特性、布线规模、敷设路径、现场加工是否方便及环保特性等因素。

（1）在一些较潮湿甚至过酸或过碱性的环境中敷设管道时，应首先考虑抗腐蚀能力。在这种情况下，往往选用 PVC 管更加合适，当然还应注意选用合适的防水、抗酸碱性密封涂料。

（2）在强电磁干扰的空间，如机场、医院、微波站等中布线时，金属管明显占有优势，因为金属管道能提供更好的屏蔽，外界的电磁场及其突变既不会干扰管道内的线缆，内部线缆的电磁场也不会对外界形成污染。

（3）布线规模决定了线缆束的口径，必须根据实际需要，分别选用不同口径的布线线管。

（4）PVC 管和布线线缆在生产中需加入一定比例的氟和氯，因此在发生火灾或爆炸等灾害时，某些 PVC 管和布线线缆燃烧所释放出的有害气体往往比火灾污染更严重。

（三）线槽

线槽是指方形（非圆形）的线缆支撑保护材料。线槽有金属线槽和 PVC 线槽两种。金属线槽又称为槽式桥架。PVC 线槽是网络综合布线工程中明敷管路时广泛使用的一种材料。它是一种带盖板的、封闭式的线槽，盖板和槽体通过卡槽合紧。

从型号上讲，PVC 线槽有 PVC-20 系列、PVC-25 系列、PVC-30 系列、PVC-40 系列等；从规格上讲，有 20 mm×12 mm、25 mm×12.5 mm、25 mm×25 m、30 mm×15 mm、40 mm×20 mm 等。配套的连接件有阳角、阴角、直转角、终端头、大小转换头等，如图 2-61 所示。

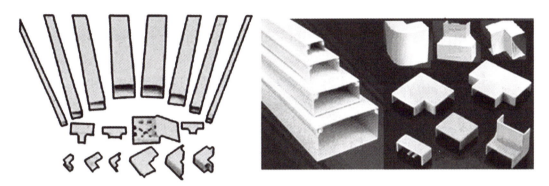

图 2-61　线槽及配件

网络综合布线系统中除了线缆外，槽管是一个重要的组成部分，可以说，金属槽、PVC 线槽、金属管、PVC 管是网络综合布线系统的基础性材料。网络综合布线中主要使用的线槽有以下几种。

1. 金属槽

在网络综合布线系统中一般使用的金属槽有 50 mm×100 mm、100 mm×100 mm、100 mm×200 mm、100 mm×300 mm、200×400 mm 等多种规格。

2. 塑料槽

塑料槽有 PVC-20 系列、PVC-25 系列、PVC-25F 系列、PVC-30 系列、PVC-40 系列、PVC-40Q 系列等，如图 2-62 所示。

从规格上讲，塑料槽有 20 mm×12 mm、25 mm×12.5 mm、25 mm×25 mm、30 mm×15 mm、40 mm×20 mm 等。与 PVC 线槽配套的附件有阳角、阴角、直转角、平三通、左三通、右三通、连接头、终端头、接线盒（暗盒、明盒）等。

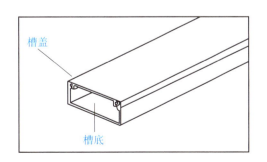

图 2-62　塑料槽

（四）桥架

桥架，通常是指非圆形的、非 PVC 材质的线缆支撑保护材料。根据材质的不同，桥架有金属桥架和复合玻璃钢桥架两类，网络综合布线中常用金属桥架。桥架具有结构简单、造价低、施工方便、配线灵活、方便扩充和维护检修的特点，广泛用于建筑物主干线缆管道的安装施工。

桥架的安装因地制宜，在建筑物内，桥架可独立架设，也可附设在各种建筑物和廊柱上；可采用转角、T形或十字形分支；可调高、调宽或变径；可安装成悬吊式（楼板和梁下）、直立式、侧壁式、单边、双边和多层等形式；可水平或垂直敷设。在建筑物外，桥架可在墙壁、露天立柱和支墩、隧道和电缆沟壁上侧装。

金属桥架的全部零件均需进行镀锌或喷塑处理；安装在建筑物外露天的桥架，如果邻近海边或属于腐蚀区，必须考虑防腐处理，使其具有防腐、耐潮等特性。

桥架的定义：桥架是使电线、电缆、管缆铺设达到标准化、系列化、通用化的电缆铺设装置。

桥架的用途：电缆桥架适用电压在 10 kV 以下的电力电缆以及控制电缆、照明配线等室内、室外架空电缆沟、隧道的敷设。

桥架的优点：品种全、应用广、强度大、结构轻巧、造价低、施工简单、配线灵活、安装标准、外形美观、维护检修方便等。

桥架是布线行业的一个术语，是建筑物内布线不可缺少的一个部分。桥架按照形式可以分为托盘式桥架、槽式桥架、梯级式桥架，如图 2-63 所示。

（1）在槽式桥架中，主要有槽式直通、水平等径弯通、水平等径三通、水平等径四通、垂直等径上弯通、垂直等径下弯通、垂直等径右下弯通、垂直等径左上弯通、垂直等径右上弯通、上角垂直等径三通、下角垂直等径三通、下角垂直等径五通、水平变径三通和垂直变径上弯通及配套连接片等配件供组合。

（2）在托盘式桥架中，主要有托盘式直通、水平弯通、水平三通、水平四通、垂直凹弯通、垂直凸弯通和配套连接片等配件供组合。

（3）在梯级式桥架中，主要有梯级式直通、水平弯通、水平三通、水平四通、垂直凹弯通、垂直凸弯通和配套连接片等配件供组合。

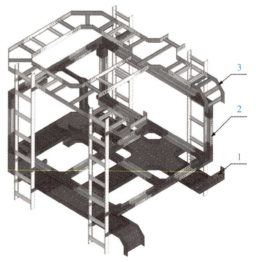

图 2-63 桥架
1- 托盘式桥架；2- 槽式桥架；3- 梯级式桥架

1. 槽式桥架

槽式桥架是全封闭的线缆桥架。它对控制电缆的屏蔽干扰和重腐蚀环境中电缆的防护都有较好的效果，适用于室内外和需要屏蔽的场所。图 2-64 所示为部分槽式桥架配件，每根槽式直通的长度为 2 m，槽槽连接时，使用相应尺寸的连接板（铁板）和螺栓固定。

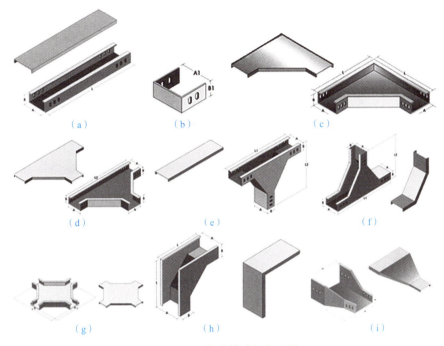

图 2-64 部分槽式桥架配件

（a）槽式直通；（b）槽式桥架终端封头；（c）槽式水平弯通；（d）槽式水平三通；（e）槽式上垂直三通；
（f）槽式下垂直三通；（g）槽式水平四通；（h）槽式垂直上弯通；（i）槽式异径接头

槽式桥架的空间布置示意如图 2-65 所示。

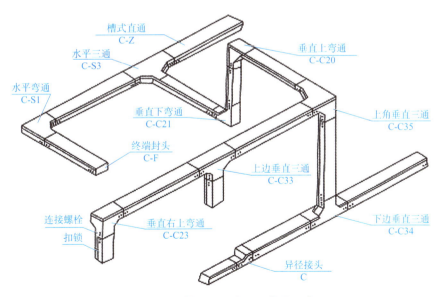

图 2-65 槽式桥架的空间布置示意

2. 托盘式桥架

托盘式桥架配件如图 2-66 所示。

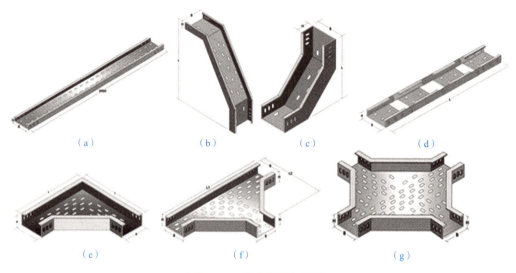

图 2-66　托盘式桥架配件

（a）托盘式直通；（b）托盘式垂直凸弯通；（c）托盘式垂直凹弯通；（d）托盘式垂直转动弯通；
（e）托盘式水平弯通；（f）托盘式水平三通；（g）托盘式水平四通

3. 梯级式桥架

梯级式桥架配件及空间布置示意如图 2-67、图 2-68 所示。

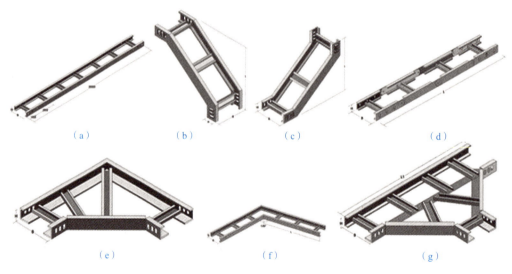

图 2-67　梯级式桥架配件

（a）梯级式直通；（b）梯级式垂直凸弯通；（c）梯级式垂直凹弯通；（d）梯级式垂直转动弯通；
（e）梯级式水平弯通；（f）梯级式水平弯通；（g）梯级式水平三通

4. 组合式桥架

组合式桥架是桥架系列中的第二代产品，适用于各项工程、各个单位、各种电缆的敷设，具有结构简单、配置灵活、安装方便、形式新颖等优点。

组合式桥架只要采用 100 mm、150 mm、200 mm 的 3 种基型就可以组装出所需要的尺寸的电缆桥架，它不需生产弯通、三通等配件就可以根据现场安装需要任意转向、变宽、分支、引上、引下，在任意部位，不需要打孔、焊接就可用管引出，既方便了工程设计，又方便了生产运输，更方便了安装施工。

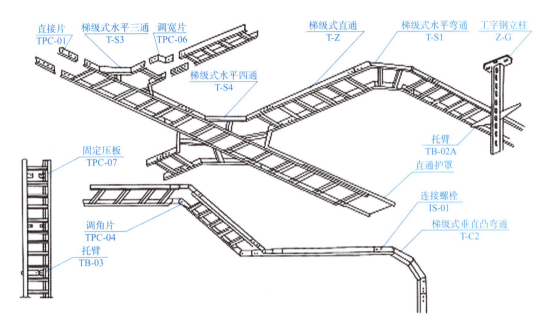

图 2-68　梯级式桥架空间布置示意

（五）PVC 管、槽工具

1. 手电钻

手电钻可单手操作，配合各式通用的六角工具头可以拆卸及锁入螺钉、钻洞等。

手电钻由电动机、电源开关、电缆和钻孔头等组成。用钻头钥匙开启钻头锁，使钻夹头扩开或拧紧，使钻头松出或固牢。手电钻如图 2-69 所示。

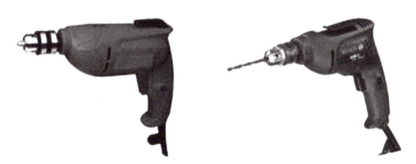

图 2-69　手电钻

2. 线槽剪

线槽剪是 PVC 线槽或平面塑胶条切断专用剪，剪出的端口整齐美观。宽度在 65 mm 以下线槽的剪切都可以使用线槽剪。线槽剪如图 2-70 所示。

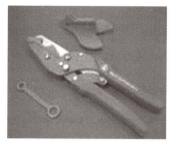

图 2-70　线槽剪

3. 弯管器

弯管器常用在一些建筑工地上，自制自用，十分灵巧。其一般用于 25 mm 以下的管子弯管，如图 2-71 所示。

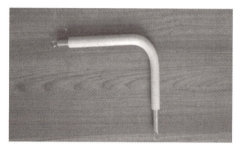

图 2-71　弯管器

4. 线轴支架

线轴支架用于在线路施工中支撑线盘进行放线，如图 2-72 所示。

图 2-72　线轴支架

5. 牵引机

线缆牵引是用一条拉线将线缆牵引穿入墙壁管道、吊顶和地板管道。在施工中，应使拉线和线缆的连接点尽量平滑，因此要用电工胶带在连接点外面紧紧缠绕，以保证平滑和牢靠。

在工程中进行放线操作时，为了提高放线的速度，会使用牵引机，如图 2-73 所示。牵引分为电动牵引和手摇式牵引。施工人员遇到线缆需穿管布放时，多采用钢丝牵拉。由于普通钢丝的韧性和强度不是为布线牵引设计的，所以操作极为不便，施工效率低，还可能影响施工质量。

（六）网络检测工具

1.光时域反射仪

光时域反射仪是通过对测量曲线的分析，了解光纤的均匀性、缺陷、断裂、接头耦合等若干性能的仪器，如图2-74所示。它根据光的后向散射与菲涅耳反向原理制作，利用光在光纤中传播时产生的后向散射光来获取衰减的信息，可用于测量光纤衰减、接头损耗、光纤故障点定位以及了解光纤沿长度的损耗分布情况等，是光缆施工、维护及监测中必不可少的工具。

图2-73　牵引机

图2-74　光时域反射仪

2.光功率计

光功率计用于测量绝对光功率或通过一段光纤的光功率相对损耗，如图2-75所示。

（a）

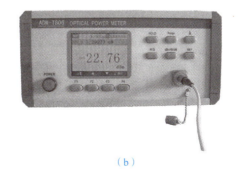

（b）

图2-75　光功率计

（a）手持式；（b）台式

3.寻线仪

当已知网线的一头，但不知道网线的另一头是哪根时，可将网线一端接在巡线仪的发端，另一头沿着模块逐个测试，若发出声响，表示找到对应的线缆，如图2-76所示。

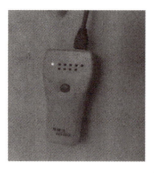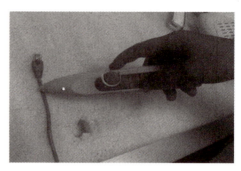

图 2-76　寻线仪

4.网络测试仪（测线器）

网络测试仪可以检测出大多数网络问题，是一种很实用的工具，网络管理员可以通过网络测试仪的电缆诊断功能，快速地诊断出网络线缆的连接问题。除此之外，网络测试仪还有很多功能，如数据管理、识别端口、扫描线序等，如图2-77所示。

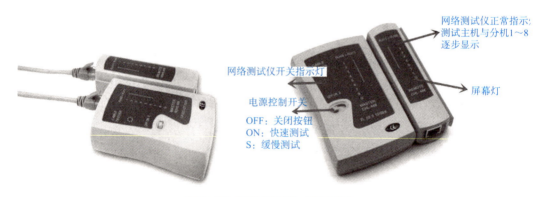

图 2-77　网络测试仪（测线器）

项目实施

一、RJ45 水晶头端接和跳线的制作

通过本项目的实施，学生可利用多功能压线钳一把、剪刀一把、米尺一把、测线器一台、RJ45 水晶头 4 个，制作直通线与交叉线，进一步掌握 RJ45 水晶头的端接原

理和方法，掌握 T568B 线序的排列，掌握工具的使用方法和技巧。

（1）制作一根不限长度的 RJ45 直通线（表 2-7）。

表 2-7　RJ45 直通线的制作

操作步骤	操作内容	实现效果	注意事项
1	使用多功能压线钳的剥线部分，剥开双绞线的外绝缘护套		不要用力压线，将外绝缘护套割破即可，然后用手上下弯折，除去剥离的外绝缘护套
2	使用剪刀将双绞线里面露出的纤维丝剪断		操作时要注意观察千万不要剪到双绞线。注意安全，预防剪刀划到手
3	拆开 4 对绞线绕对，呈单根状态		注意观察颜色标识
4	排列导线		按照 T568B 从左到右的颜色顺序排序
5	剪齐网线线头		剪齐线端，注意保留 1.4 cm 左右长度即可

续表

操作步骤	操作内容	实现效果	注意事项
6	将网线的 8 条导线插入水晶头		水晶头的卡扣面朝下，白橙在左侧
7	观察水晶头的顶端，可以看到 8 根线的铜芯		看一下 8 根线的铜芯是否都被推入顶端
8	观察水晶头侧面		观察外绝缘护套是否进入水晶头的固定卡扣中间位置
9	将网线的针脚压入水晶头		如果一次压接不成功，可以多按压几次
10	成品展示		至此，一侧的水晶头制作完毕
11	重复步骤 1～7	制作另一侧的 RJ45 水晶头	使用同样的方法

操作步骤	操作内容	实现效果	注意事项
12	成品展示		至此，两端的水晶头全部制作完毕
13	测试连通性		把跳线两端 RJ45 水晶头分别插入网络测试仪上下对应插口，观察网络测试仪指示灯的闪烁顺序。如果有一芯或者多芯没有压接到位，对应的指示灯不亮；如果有一芯或者多芯线序错误，对应的指示灯将显示错误的线序
以上内容在超星平台上均有教学视频			

（2）制作一根长度为 60 cm 的 RJ45 交叉跳线（表 2-8）。

表 2-8　RJ45 交叉跳线的制作

操作步骤	操作内容	实现效果	注意事项
1.	使用多功能压线钳的剥线部分，剥开双绞线的外绝缘护套		不要用力压线，将外绝缘护套割破即可，然后用手上下弯折，除去剥离的外绝缘护套
2	使用剪刀将双绞线里面露出的纤维丝剪断		操作时要注意观察千万不要剪到双绞线。注意安全，预防剪刀划到手

续表

操作步骤	操作内容	实现效果	注意事项
3	拆开 4 对绞线绕对，呈单根状态		交叉线一侧为 T568A，另一侧为 T568B
4	排列导线		按照 T568B 从左到右的颜色顺序排序
5	剪齐网线线头		剪齐线端，注意保留 1.4 cm 左右长度即可
6	将网线的 8 根导线插入水晶头		水晶头的卡扣面朝下，白橙在左侧
7	观察水晶头的顶端，可以看到 8 根线的铜芯		看一下 8 根线的铜芯是否都被推入顶端

续表

操作步骤	操作内容	实现效果	注意事项
8	观察水晶头侧面		观察外绝缘护套是否进入水晶头的固定卡扣中间位置
9	将网线的针脚压入水晶头		如果一次压接不成功，可以多按压几次
10	成品展示		至此，一侧的水晶头制作完毕
11	使用米尺从做好的水晶头一侧测量		测量 60 cm 长度的双绞线并将其剪断
12	使用多功能压线钳的剥线部分，将绝缘护套割破		不要用力压线，将绝缘护套割破即可，然后用手上下弯折，除去剥离的外绝缘护套

续表

操作步骤	操作内容	实现效果	注意事项
13	剥开双绞线的外绝缘护套		剥离外绝缘护套的长度应为 3.5 cm
14	使用剪刀将双绞线里面露出的纤维丝剪断		操作时要注意观察千万不要剪到双绞线。注意安全,预防剪刀划到手
15	拆开 4 对绞线绕对,呈单根状态		观察颜色标识
16	排列导线		按照 T568A 绿白、绿、白橙、蓝、蓝白、橙、棕白、排序整齐
17	使用多功能压线钳剪齐网线线头		剪齐线端,注意跳线的长度是包括两侧水晶头的长度

续表

操作步骤	操作内容	实现效果	注意事项
18	将排列好的8根导线插入水晶头		水晶头的卡扣面朝下，绿白在左侧
19	将网线的针脚压入水晶头		如果一次压接不成功，可以多按压几次
20	成品展示		至此水晶头制作完毕
21	用网络测试仪测试连通性		1对应3，2对应6，其他一一对应亮起，证明跳线是连通的。至此，一根长度为60 cm的RJ45交叉跳线制作完毕

操作时要注意以下事项。

1. 拆开双绞线长度不要太大，否则易导致外绝缘护套压接不到位。

2. 剥线时不要用力压线，否则易将里面的网线切断，将外绝缘护套割破即可。

3. 不要忘记剪断露出的纤维丝。

4. 压接时水晶头的卡扣面朝下，白橙色线在最左侧

二、信息插座模块的制作

实施本项目可以使学生利用信息插座模块的制作与安装掌握其端接原理和方法，掌握信息面板和底盒的安装方法，并掌握工具的使用方法和技巧。

准备工具：多功能压线钳一把、剪刀一把、打线器一把、十字螺钉旋具一把、电动工具。

耗材插座有信息插座模块、明装底盒、信息面板、网线若干。

信息插座模块的制作见表 2-9。

表 2-9　信息模块制作

操作步骤	操作内容	实现效果	注意事项
1	准备工具和耗材		以上工具缺一不可
2	按照设计图纸规定位置，用螺钉将底盒固定在实训装置上，将双绞线穿入底盒		预留 40 cm 的线头
3	将双绞线从底盒中抽出，剪去多余的线，保留 10 cm 左右		将双绞线的外包皮剥去 2 cm，这里为了方便操作在操作平台上完成
4	使用剪刀将双绞线里面露出的纤维丝剪断		操作时要注意观察千万不要剪到双绞线。注意安全，预防剪刀划到手

续表

操作步骤	操作内容	实现效果	注意事项
5	拆开 4 对绞线绕对，呈单根状态		注意观察颜色标识
6	模块的端接两侧位置都有 T568A 和 T568B 色标标记，按工程设计要求统一使用一种方式即可		在操作时按实际要求 T568A 或者 T568B 线序进行排列
7	本次端接顺序按照 T568B 线序，将线芯按色标放入网络模块对应端接线槽刀口		在模块中尽量避免线对分开，要将多余的线拉出，保证模块后的线对呈双绞状态
8	使用打线器将每根线芯压入线槽，实现良好接触，线芯卡接到位的同时，工具前端的刀口会将剩余线头切断		打线器刀口朝向剩余线头的方向。在操作的时候要注意打线的力度，不然容易把模块的口打坏
9	将打好线的模块扣入信息面板（错误操作方法）		模块的方向不能安反，否则跳线无法插入模块

续表

操作步骤	操作内容	实现效果	注意事项
10	将打好线的模块扣入信息面板（正确操作方法）		在操作的时候一定要观察模块的方向
11	安装面板，取下面板的框盖，露出安装螺钉孔		这里要观察螺钉孔的位置和面板是否能对齐
12	用螺钉把面板固定在86盒上		在拧螺钉时，应注意调整面板的平衡，确保面板两底角的高差不超过2 mm。操作时要注意安全，防止电动螺钉旋具伤到手
13	用水平尺进行调平		看水平尺是否平行，如不平需进行调试
14	盖上面板框盖		至此，信息插座安装完成

续表

总结与注意事项	在实训过程中要遵守实训规程，正确使用工具，不要违规操作，避免受伤。 进行信息插座模块端接操作时要注意： 1. 剥线的长度是 2 cm 左右； 2. 在模块中尽量避免线对分开，要将多余的线拉出，保证模块后的线对呈双绞状态； 3. 打线器刃口朝向剩余线头的方向； 4. 正确使用工具，总结工作经验和操作技巧，做到精益求精

三、数据配线架端接

本项目利用数据配线架的安装与端接，让学生掌握配线架的端接方法和作永久链路的制作方法，掌握工具的使用方法和技巧。

工具包括多功能压线钳一把、剪刀一把、打线器一把、十字螺钉旋具、电动工具。

耗材有数据配线架、双绞线若干。

数据配线架端接见表 2-10。

缆线端接

表 2-10　数据配线架端接

操作步骤	操作内容	实现效果	注意事项
1	工具包括多功能压线钳一把、剪刀一把、打线器一把、十字螺钉旋具、电动工具		耗材有数据配线架、双绞线若干
2	在机柜中取出双绞线		注意双绞线的长度
3	取出数据配线架		注意附带的螺钉

续表

操作步骤	操作内容	实现效果	注意事项
4	用剥线工具或压线钳的刀具将双绞线的外包皮剥去 3 cm		为了方便操作，在操作台进行，剥线的长度是 3 cm 左右
5	使用剪刀将双绞线里面露出的纤维丝剪断		操作时要注意观察千万不要剪到双绞线。注意安全，预防剪刀划到手
6	拆开 4 对绞线绕对，呈单根绞线		注意观察颜色标识
7	按打线标准把每个线芯按照配线架上的色标顺序压在配线架下层模块端接口		本次端接顺序按照 T568B 线序
8	用打线器依次按顺序压接每一根双绞线		使用打线器将压接线芯时，刃口朝向剩余线头的方向

操作步骤	操作内容	实现效果	注意事项
9	效果图		压接好后再次观察一下线序。如果有错误应及时改正
10	利用十字螺钉旋具把数据配线架用螺钉直接固定在网络机柜的立柱上		在网络机柜内部安装配线架前，首先要进行设备位置规划或按照图纸规定确定位置，统一考虑网络机柜内部的跳线架、配线架、理线环、交换机等设备
11	为了方便测试，将双绞线的另一端从壁挂机柜的下方引出		制作一个 RJ45 水晶头
12	使用一根提前准备好的跳线插入数据配线架前面板的接口		注意水晶头和数据配线架的接口方向
13	测试数据配线架端接是否成功		网络测试仪的各指示灯一一亮起，说明连接成功，即配线架端接成功。如果指示灯闪烁顺序错误，说明连接顺序错误

续表

总结与注意事项	在实训过程中要遵守实训规程，正确使用工具，不要违规操作，避免受伤。 进行数据配线架端接操作时要注意： 1. 线缆采用地面出线方式时，一般线缆从机柜底部穿入机柜内部，配线架宜安装在机柜下部； 2. 配线架应该安装在左右对应的孔中，水平误差不大于 2 mm，更不允许左右孔错位安装； 3. 认真操作，认真仔细，发扬吃苦耐劳的精神

四、光纤熔接

本项目通过熔接两根尾纤，让学生掌握光纤熔接的技术原理，掌握光纤熔接的操作步骤，掌握光纤熔接工具的使用方法。

工具包括剥纤剪、剪刀、切纤刀、熔纤机、测光笔。

耗材有尾纤两根、热缩套管、酒精棉。

光纤熔接见表 2-11。

光纤传输与熔接

表 2-11　光纤熔接

操作步骤	操作内容	实现效果	注意事项
1	工具包括剥纤剪、剪刀、切纤刀、熔纤机、测光笔		耗材有尾纤两根、热缩套管、酒精棉
2	取出已经准备好的一段光纤		这里选取的是已经剪好的一段光纤
3	用剥纤剪最外面的口剥掉尾纤保护套		剥掉 8 cm 左右
4	剪掉纤维丝		使用剪刀时注意安全，防止划伤

续表

操作步骤	操作内容	实现效果	注意事项
5	用剥纤剪最内侧的口剥掉尾纤内绝缘保护套		长度剥离 4 cm 左右，漏出纤芯
6	使用剥纤剪最内侧的口剥掉纤芯上的涂覆层，露出裸纤		使用剥纤剪剥离绝缘护套和涂覆层时斜向上用力，小心不要切断光纤纤芯
7	使用酒精棉在裸纤上轻轻擦拭		注意力度
8	制作光纤对接端面，使用光纤刀切割，放到切割刀刀架上		内绝缘保护套切割长度一般为 10～15 mm
9	进刀切割		注意力度

续表

操作步骤	操作内容	实现效果	注意事项
10	准备光纤熔接机，打开电源确认熔接模式为自动模式		注意光纤端面制作的好坏将直接影响光纤对接后的传输质量，在熔接前一定要做好要熔接的端面
11	为了更好地保护端面，把先切割好的端面放到熔接机的 V 形槽中		放置时要使光纤切面尽量靠近电极尖端位置，不要超过电极尖端，扣上压板，盖好防风盖
12	切割端面		切好的端面很脆弱，碰触任何物体都会导致端面不平整，从而影响熔接
13	用同样的方法切割另一面的光纤，先穿热缩套管		千万不要忘了此步骤，如果忘记穿热缩套管，熔接后就无法保护熔接点
14	用剥纤剪最外面的口剥掉尾纤保护套		剪掉 8 cm 左右

续表

操作步骤	操作内容	实现效果	注意事项
15	剪掉纤维丝		使用剪刀时注意安全，防止伤到手
16	用剥纤剪最内侧的口剥掉尾纤内绝缘保护套		剥离 4 cm 左右，漏出纤芯
17	使用剥纤剪最内侧的口剥掉纤芯上的涂覆层，露出裸纤		使用剥纤剪剥离绝缘护套和涂覆层时斜向上用力，小心不要切断光纤纤芯
18	使用酒精棉在裸纤上轻轻擦拭		注意力度
19	使用光纤刀切割，放到切割刀刀架上		内绝缘保护套切割长度一般为 10～15 mm

操作步骤	操作内容	实现效果	注意事项
20	进刀切割		注意力度
21	将切割好的端面放到熔接机的 V 形槽中		放置时要使光纤切面尽量靠近电极尖端位置，压上盖板，扣好防风罩
22	自动熔接		观察屏幕
23	查看损耗率		如果损耗率小于 0.03% 则可以使用，否则需要剪断重新熔接
24	打开防风罩和压板		要轻拿轻放

操作步骤	操作内容	实现效果	注意事项
25	把热缩套管小心地移动到没有绝缘层的中间位置		注意力度，因为刚熔接完的光纤非常脆弱
26	放到加热器中		扣好盖板
27	加热热缩套管		指示灯变红，表示正在加热
28	加热完成		指示灯熄灭，发出滴滴声，表示加热完成
29	取出熔接好的光纤，放到工作台上冷却。至此，光纤熔接完成		此时温度非常高，不要触摸
总结与注意事项	进行光纤熔接操作时要注意： 1. 不要忘记先穿热缩套管； 2. 切好的光纤不能触碰任何物体； 3. 将光纤放入熔纤机卡扣处时，尽量靠近电极尖端位置； 4. 提高安全意识，提升职业规范性，提高自身职业素质		

项目总结

　　"工欲善其事，必先利其器"，在网络综合布线的各项实践中，学生需要发扬精益求精的工匠精神，将工具的使用技巧和使用方法掌握透彻，以适应未来岗位的需求。通过本项目的学习，学生能够熟练使用工具，积累工作经验，提高实战能力。

项目习题

一、填空题

1. 电缆又称为_____，是指以铜导体作为信息传输介质的线缆。

2. _____是有线通信的传输媒介之一。

3. 线缆是网络综合布线系统的重要组成部分，包括_____和_____两大类。

4. 按使用环境的不同，线缆可以分为_____和_____两种。

5. CP 线缆是指连接集合点_____至信息点的线缆。

6. _____是网络综合布线工程中最常用的传输介质。

7. 目前，网络综合布线工程中大量使用_____和_____。

8. 护套可分为_____、_____、_____、_____等。

9. 对绞电缆可以分为_____和_____两种。

10. _____是由一根空心的外圆柱导体及其所包围的单根内导线所组成的。

11. 同轴电缆可以分为_____同轴电缆和_____同轴电缆两种。

12. 电缆信息插座由_____、_____及_____组成。

13. 常用面板分为_____面板和_____面板两种。

14. _____用于电缆的终接。

15. 110 型连接块有_____线和_____线两种规格。

16. 光纤通信是以_____为载体、_____为传输介质的通信方式。

17. _____是光通信的一个主要设备。

18. 吹光纤系统由_____和_____、_____、_____和_____组成。

19. 吹光纤的微管有_____和_____两种规格。

20. 吹光纤有_____、_____和_____ 3 类。

21. _____是光导纤维的简称，是一种传输光束的细微而柔韧的媒质。

22. 光纤按其材料的不同可分为_____光纤和_____光纤两种。

23. 按光在光纤中的传输模式划分，光纤可分为_____光纤和_____光纤两种。

24. 网络综合布线采用_____ μm 和_____ μm 两个波长区。

25. 光导纤维电缆由一捆纤维组成，简称_____。

26. 光纤的涂覆层很薄，在其外面套塑，称为_____涂覆。

27. 通常按应用环境来划分，光缆分为_____和_____两种。

28. 室内光缆主要由_____、_____及_____组成。

29. 光缆的型号由_____代号和_____代号两部分组成。

30. 机柜式光纤配线架可以安装于_____标准机柜内。

31. 网络综合布线系统中使用的线管主要有_____和_____两种。

32. 塑料管产品分为：_____导管和_____导管两种。

33. 钢管按壁厚不同分为：_____，水压实验压力为 2.5 MPa；_____，水压实验压力为 3 MPa；_____，水压实验压力为 2 MPa 3 种。

34. 有一种较软的金属管，叫作_____，俗称蛇皮管，在弯曲的地方使用。

35. 网络综合布线中最常使用的一种塑料管，管长通常为_____、_____或_____。

36. _____是指方形、_____的线缆支撑保护材料。

37. 桥架有_____、_____、_____和_____等结构，由_____、_____、_____和_____等组成。

38. _____是全封闭的线缆桥架。

39. _____是桥架系列中的第二代产品。

40. 机柜的总体宽度常见的有_____ mm 和_____ mm，按表面处理分为_____、_____、_____、_____、_____。

41. 42 U 机柜的高度为_____。

42. 在建筑物外，桥架可在_____、_____和_____、_____和_____沟壁上侧装。

43. 线槽有_____线槽和_____线槽两种。

44. 每根双绞线有_____。

45. _____端接是连接网络设备和网络综合布线系统的关键施工技术。

46. 通常每个网络系统管理间有数_____甚至数_____网络线。

47. 双绞线按电气性能可分为_____、_____、_____等类型；按是否有屏蔽层可分为_____和_____两种类型。

48. 常用面板分为_____和_____。

49. 常用底盒分为_____和_____。

50. 网络信息插座底盒按照材料组成一般分为_____和_____。按照配套面板规格分为_____系列和_____系列。

51. 86 型面板的宽度和长度分别是_____，通常采用高强度塑料材料制成，适合安装在_____，具有防尘功能。

52. 120 型面板的宽度和长度是_____，通常采用铜等金属材料制成，适合安装在_____，具有防尘、防水功能。

53. 每个信息点大约平均需要端接_____或者_____，因此熟练掌握配线端接技术非常重要。

54. 不能为了压接方便而拆开线芯很长，拆开线芯过长会引起较大的_____。

55. 信息插座模块是网络工程中经常使用的一种器材，分为_____、_____、_____。

56. 按是否有屏蔽层划分，双绞线可分为_____双绞线和_____双绞线。

57. _____是管理子系统中最重要的组件，是实现_____和_____两个子系统交叉连接的枢纽。

58. 配线架通常安装在_____或_____。

59. 在网络工程中常用的配线架有_____配线架和_____配线架。

60. 双绞线配线架主要有_____和_____两种形式。

61. 110 型连接管理系统的基本部件是_____、_____、_____和_____。

62. 110 型配线架主要用于_____。

63. 110 型配线架的接线方式主要有夹接式_____和接插式_____两种类型。

64. 连接结构有_____连接结构和_____连接结构两种。

65. _____是水平布线系统和主干布线系统接同一配线架的不同区域。

66. 双绞线配线架大多用于_____。

67. 配线架的用法和用量主要是根据总体_____的数量或者该楼层的网络点数量来配置的。

68. 前面板用于连接集线设备的_____端口，后面板用于连接从_____延伸过来的双绞线。

69. 传统的配线架标签条大部分是_____的，纸质好坏参差不齐；跳接好后要验证_____是否畅通；最多可以支持_____个 RJ45 信息端口；一次最多可以接_____的连接块，操作简单，省时省力。

70. 五对 110 型打线工具适用于_____、_____及_____的连接作业。

71. 单对 110 型打线工具适用于_____、_____模块及_____的连接作业。

72. 光时域反射仪主要用于_____、光纤的_____、_____和_____等的测量。

73. 施工人员遇到线缆需穿管布放时，多采用_____。

74. 线缆牵引是用一条拉线将线缆牵引穿入墙壁_____、_____和_____。

75. 弯管器一般用于_____以下的管子弯管。

76. 手电钻由_____、_____、_____和_____等组成。

77. _____主要用于光通信中光缆的施工和维护。

78. 压线钳具有_____、_____、_____压接等多种功能。

79. T568B 标准的线序为_____、_____、_____、_____、_____、_____、_____、_____。

80. 5 类电缆压接到水晶头的部分不能大于_____。

81. 使用米尺测量_____的双绞线，用压线钳的刀片位置剪断。

82. 预留长度为_____的线芯，用压线钳剪除多余的双绞线。

83. 永久链路不包括现场_____和_____，以及_____。

84. _____是一种将信息从一端传送到另一端的媒介。

85. 在多模光纤中，纤芯的直径是_____，大致与人的头发的粗细相当，而_____芯的直径为 8～10 μm。

86. 光缆包括_____、_____及_____。

87. 光纤的带宽可达_____以上。

88. 光纤由_____、_____和_____组成。

89. 光纤连接采用_____方式。

90. 关上防风罩，按_____键即可自动完成光纤熔接。

二、单项选择题

1. 1、6 类双绞线（CAT6）的传输带宽是（ ）对。

A. 75   B. 100   C. 125   D. 150

2. 大对数双绞线常见的有 25 对、50 对和（ ）对。

A. 75   B. 100   C. 125   D. 150

3. 传送数据时，5 类水平电缆的最大长度不能超过（ ）m。

A. 50   B. 90   C. 100   D. 110

4. 同轴电缆分为基带和宽带两种。其中宽带同轴电缆的特性阻抗是（ ）Ω。

A. 50   B. 75   C. 1 000   D. 1 250

5. 建筑智能化系统不包含（ ）。

A. BA   B. CA   C. OA   D. GA

6. 网络综合布线采用模块化的结构，按各模块的作用，可把网络综合布线划分为（ ）个部分。

A. 3   B. 4   C. 5   D. 6

7. 双绞线由（ ）具有绝缘保护层的铜导线组成。

A. 两根   B. 四根   C. 三根   D. 一根

8. 双绞线的特性"NEXT"表示（ ）。

A. 误差   B. 衰减串扰比   C. 近端串扰   D. 远端串扰

9. 一般来说，4 对双绞线绞距周期在（ ）mm 长度内。

A. 31   B. 25   C. 38.1   D. 40

10. 按逆时针方向扭绞，一对线对的扭绞长度在（ ）mm 以内。

A. 8.7   B. 9.5   C. 10.1   D. 12.7

11. 同轴电缆中细缆网络结构的最大干线段长度为（ ）m。

A. 100   B. 150   C. 185   D. 200

12. 常见的光纤连接器有圆头的 ST 型和方头的（ ）。

A. MT 型   B. SC 型   C. MC 型   D. AT 型

13. 现在世界科技发展的一个主要标志是 4C 技术，（ ）不属于 4C 新技术。

A. Computer   B. Communication   C. Control   D. Cooperation

14. 机柜式光纤配线架可以安装于（ ）标准机柜内。

A. 15 英寸   B. 18 英寸   C. 14 英寸   D. 19 英寸

15. （ ）增强型多模光纤被推荐应用于所有的建筑物综合布线。

A. 60.5/125 μm   B. 59.5/125 μm   C. 61.5/125 μm   D. 62.5/125 μm

16. 通常使用的光纤都是（ ）光纤。

A. 石墨　　　　　　　B. 塑料　　　　　　　C. 石英　　　　　　　D. PVC

17. 涂覆层是光纤的第（　　　）保护。

A. 一层　　　　　　　B. 三层　　　　　　　C. 四层　　　　　　　D. 二层

18. （　　　）光纤只能传输一种模式的光，其模间色散很小，适用于远程通信。

A. 单模　　　　　　　B. 多模　　　　　　　C. 单 / 多模　　　　　D. 多 / 单模

19. 光纤的涂覆层很薄，在其外面套塑，称为（　　　）涂覆。

A. 一次　　　　　　　B. 四次　　　　　　　C. 三次　　　　　　　D. 二次

20. 在光纤类别中，A 表示（　　　）光纤。

A. 单 / 多模　　　　　B. 多 / 单模　　　　　C. 多模　　　　　　　D. 单模

21. 在光纤类别中，B 表示（　　　）光纤。

A. 多 / 单模　　　　　B. 单 / 多模　　　　　C. 多模　　　　　　　D. 单模

22. 多模光纤的导入波长有两种，分别为 1 300 nm 和（　　　）nm。

A. 550　　　　　　　B. 850　　　　　　　C. 1 050　　　　　　D. 1 350

23. 单模光纤传输数据主要采用（　　　）。

A. 红外光　　　　　　B. 紫外光　　　　　　C. 激光　　　　　　　D. 可见光

24. 光纤分为（　　　）两大类。

A. 3 类和 5 类　　　　　　　　　　　　　B. 6 类和 7 类

C. 单模和多模　　　　　　　　　　　　　D. 62.5 和 125 μm

25. （　　　）光纤连接器在网络工程中最为常用，其中心是一个陶瓷套管，外壳呈圆形，紧固方式为卡扣式。

A. ST 型　　　　　　B. SC 型　　　　　　C. FC 型　　　　　　D. LC 型

26. （　　　）是沿链路的信号耦合度量。

A. 衰减　　　　　　　B. 回波损耗　　　　　C. 串扰　　　　　　　D. 传输延迟

27. 下列参数中，（　　　）不是描述光纤通道传输性能的指标参数。

A. 光缆衰减　　　　　　　　　　　　　　B. 光缆波长窗口参数

C. 回波损耗　　　　　　　　　　　　　　D. 光缆芯数

28. （　　　）为封闭式结构，适用于无吊顶且电磁干扰比较严重的布线环境。

A. 梯级式桥架　　　　B. 槽式桥架　　　　　C. 托盘式桥架　　　　D. 组合式桥架

29. 普通钢管和加厚钢管统称为（　　　），具有较大的承压能力。

A. 水管　　　　　　　B. 电管　　　　　　　C. PVC 管　　　　　　D. PE 管

30. 槽式桥架是（　　　）的线缆桥架。

A. 全封闭　　　　　　B. 半封闭　　　　　　C. 全 / 半封闭　　　　D. 半 / 全封闭

31. 每根槽式直通的长度为（　　　）m。

A. 1　　　　　　　　B. 2　　　　　　　　C. 4　　　　　　　　D. 6

32. 1 U=（　　　）mm。

A. 42.5　　　　　　　B. 31　　　　　　　C. 44.45　　　　　　D. 40

33. 建筑物中两大类型的通道，即封闭型和开放性，下列通道中不能用来敷设垂直干线的是（　　　）。

A. 通风通道　　　　　B. 电缆孔　　　　　　C. 电梯通道　　　　　D. 电缆井

34. 45 U 机柜的高度为（　　）m。

A. 1.0　　　　　　　B. 2.5　　　　　　　C. 2.0　　　　　　　D. 3.0

35. 56.24 U 机柜的高度为（　　）m。

A. 1.0　　　　　　　B. 2.5　　　　　　　C. 2.0　　　　　　　D. 3.0

36. 40.5 U 机柜的高度为（　　）m。

A. 1.0　　　　　　　B. 1.5　　　　　　　C. 2.0　　　　　　　D. 1.8

37. （　　）是网络综合布线工程中明敷管路时广泛使用的一种线槽材料。

A. PVC　　　　　　　B. DHP　　　　　　　C. HUB　　　　　　　D. PCV

38. 免打线式信息插座模块和打线式信息插座模块外面都印有符合（　　）的打线色标，用以指示正确接线安装。

A. EIA/TIA 568A/C　　　　　　　　　　B. EIA/TIA 568A/D

C. EIA/TIA 568A/A　　　　　　　　　　D. EIA/TIA 568A/B

39. 86 型面板的宽度和长度是（　　）mm。

A. 87　　　　　　　B. 86　　　　　　　C. 85　　　　　　　D. 83

40. 120 型面板的宽度和长度是（　　）mm。

A. 120　　　　　　　B. 140　　　　　　　C. 144　　　　　　　D. 135

41. 剥开外绝缘护套，利用剥线器将双绞线一端剥去外绝缘护套（　　）cm。

A. 3　　　　　　　B. 4　　　　　　　C. 5　　　　　　　D. 2

42. 分开（　　）绞线，再拆开单绞线。

A. 4 对　　　　　　　B. 5 对　　　　　　　C. 6 对　　　　　　　D. 7 对

43. 端接顺序按照（　　）线序放入网络模块接口刀口并使用压线器进行压线，实现电气连接。

A. 568D　　　　　　　B. 568C　　　　　　　C. 568B　　　　　　　D. 568A

44. 在 100 MHz 下测试传输性能：近端串扰为（　　）dB。

A. 46.5　　　　　　　B. 34.5　　　　　　　C. 40.5　　　　　　　D. 44.5

45. 在 100 MHz 下测试传输性能：衰减为（　　）dB。

A. 20　　　　　　　B. 0.19　　　　　　　C. 0.17　　　　　　　D. 0.18

46. 在 100 MHz 下测试传输性能：回波损耗为（　　）dB。

A. 30.0　　　　　　　B. 31.0　　　　　　　C. 32.0　　　　　　　D. 33.0

47. 在 100 MHz 下测试传输性能：平均（　　）dB。

A. 30.0　　　　　　　B. 40.3　　　　　　　C. 44.3　　　　　　　D. 46.3

48. 关于非屏蔽双绞线电缆的说法中错误的是（　　）。

A. 大量用于水平子系统的布线　　　　　　B. 无屏蔽外套

C. 比屏蔽电缆成本低　　　　　　　　　　D. 比同类的屏蔽双绞线更能抗干扰

49. （　　）配线架主要用于语音配线。

A. 120 型　　　　　　　B. 140 型　　　　　　　C. 130 型　　　　　　　D. 110 型

50. 双绞线配线架大多用于（　　）。

A. 设备间配线　　　　B. 垂直配线　　　　C. 工作区配线　　　　D. 水平配线

51. 高密度配线，最多可以支持（　　）个 RJ45 信息端口。

A. 48　　　　　　　　B. 49　　　　　　　　C. 50　　　　　　　　D. 51

52. 使用标准（　　）型打线工具，终端端接简单省力。

A. 114　　　　　　　　B. 119　　　　　　　　C. 110　　　　　　　　D. 120

53. （　　）工具是一种简便快捷的连接端子打线工具。

A. 111 型　　　　　　B. 120 型　　　　　　C. 130 型　　　　　　D. 110 型

54. 必须保证打线钳（　　），突然用力向下压，以致听到"咔嚓"声。

A. 弯曲　　　　　　　B. 垂直　　　　　　　C. 不垂直　　　　　　D. 倾斜

55. 光纤切割刀所适应的光纤包层直径为（　　）μm。

A. 110～150　　　　　B. 101～140　　　　　C. 120～150　　　　　D. 100～150

56. 宽度在（　　）mm 以下线槽的剪切都可以使用线槽剪。

A. 65　　　　　　　　B. 70　　　　　　　　C. 75　　　　　　　　D. 80

57. 光纤熔接机主要用于（　　）通信中光缆的施工和维护。

A. 光　　　　　　　　B. 激光　　　　　　　C. 电　　　　　　　　D. 单芯

58. 导致光纤熔接损耗的原因较多，影响最大的是（　　）。

A. 光纤模场直径不一致　　　　　　　　B. 两根光纤芯径失配

C. 纤芯截面不圆　　　　　　　　　　　D. 纤芯与包层同心度不佳

59. 根据 TIA/EIA568B 的规定，62.5/125 μm 多模光纤在 1 300 mm 的最大损耗为
（　　）dB。

A. 1.5　　　　　　　　B. 2.0　　　　　　　　C. 3.0　　　　　　　　D. 3.5

60. 根据 TIA/EIA568B 的规定，光纤连接器对的最大损耗为（　　）dB。

A. 0.5　　　　　　　　B. 0.75　　　　　　　C. 10　　　　　　　　D. 1.25

61. 光纤规格 62.5/125 中的"62.5"表示（　　）。

A. 光纤芯的直径　　　B. 光纤包层直径　　　C. 光纤中允许通过的光波波长

62. 定义光纤布线系统部件和传输性能指标的标准是（　　）。

A. ANSI/TIA/EIA-568-B.1　　　　　　　B. ANSI/TIA/EIA-568-B.3

C. ANSI/TIA/EIA-568-B.2　　　　　　　D. ANSI/TIA/EIA-568-A

项目三

网络综合布线系统的设计与施工

项目描述

网络综合布线系统的设计与施工在现代通信过程中非常重要，本项目分别从7个子系统的设计与施工方面详细介绍了每个阶段的施工要点，通过复杂永久链路的实施、线管布线实施与线槽布线实施，使学生掌握布线的设计与施工。

项目目标

1.了解网络综合布线中7个子系统的设计与施工，掌握各子系统的基本概念、设计原则以及设计实例。

2.掌握各子系统的设计步骤，能够完成永久链路端接实践，完成线管布线的项目实施、线槽布线的项目实施。

3.培养学生具备责任担当精神，培养学生的职业自信，挖掘学生的创新精神。

项目任务

本项目分别介绍了7个子系统的设计与施工相关知识内容，完成复杂永久链路的端接操作，在实训模拟墙上完成线管布线的施工操作、完成线槽布线的施工操作。

◎ 项目知识储备

一、工作区子系统的设计与施工

工作区子系统设计

工作区子系统施工

（一）工作区子系统

1.工作区子系统的基本概念

工作区子系统是指从信息插座延伸到终端设备的整个区域，即一个独立的需要设置终端的区域划分为一个工作区域。工作区域可支持电话机、数据终端、计算机、电视机、监视器以及传感器等终端设备。它包括信息插座、信息插座模块、网卡和连接所需的跳线，并在终端设备和输入/输出（I/O）之间搭接，相当于电话配线系统中连接话机的用户线及话机终端部分。典型的工作区子系统如图3-1所示。

工作区子系统又称为服务区子系统，它是由跳线与信息插座所连接的设备组成。其中，信息插座包括墙面型、地面型、桌面型等，常用的终端设备包括计算机、电话机、传真机、报警探头、摄像机、监视器、各种传感器件、音响设备等。

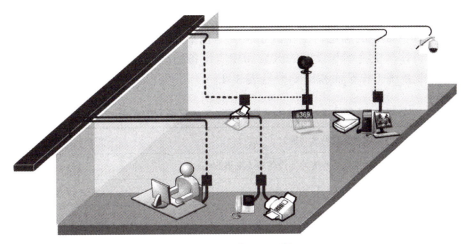

图 3-1　工作区子系统

2. 工作区的设计要点

（1）工作区内线槽的敷设要合理、美观；

（2）信息插座设计在距离地面 30 cm 以上；

（3）信息插座与计算机设备的距离保持在 5 m 范围内；

（4）网卡接口类型要与线缆接口类型保持一致；

（5）所有工作区所需的信息插座模块、信息插座、面板的数量要准确。

设计工作区时，具体操作可按以下 3 步进行。

第一步，根据楼层平面图计算每层楼布线面积。

第二步，估算信息插座数量，一般设计两种平面图供用户选择。为基本型设计出每 9 m² 一个信息插座的平面图；为增强型或综合型设计出 2 个信息插座的平面图。

第三步，确定信息插座的类型。

3. 信息插座的连接技术要求

每个工作区至少要配置一个插座盒。对于难以再增加插座盒的工作区，要至少安装两个分离的插座盒。信息插座是终端（工作站）与水平子系统连接的接口。其中最常用的为 RJ45 信息插座，即 RJ45 连接器。虽然适配器和设备可用在绝大多数场合，以适应各种需求，但在做出设计承诺之前，必须仔细考虑将要集成的设备类型和传输信号类型。在做出上述决定时必须考虑以下 3 个因素。

（1）各种设计选择方案在经济上的最佳折中；

（2）系统管理的一些比较难以捉摸的因素；

（3）在布线系统寿命期间移动和重新布置所产生的影响。

（二）工作区子系统的设计

1. 设计步骤

一般工作流程：需求分析→技术交流→阅读建筑物图纸→初步设计方案→概算→

方案确认→正式设计→预算。

（1）工作区面积的确定。工作区子系统是包括办公室、写字间、作业间、技术室等急需电话、计算机终端等设施的区域和相应设备的统称。一般进行建筑物设计时，网络综合布线系统工作区面积的划分见表3-1。

表3-1　网络综合布线系统工作区面积的划分

建筑物类型及功能	工作区面积 /m²
网管中心、呼叫中心、信息中心等终端设备较为密集的场地	3 ～ 5
办公区	5 ～ 10
会议、会展	10 ～ 60
商场、生产机房、娱乐场所	20 ～ 60
体育场馆、候机室、公共设施区	20 ～ 100
工业生产区	60 ～ 200

（2）工作区信息点的配置。每个工作区信息点数量可按用户的性质、网络构成和需求来确定。在网络综合布线系统工程实际应用和设计中，一般按照表3-2所示的面积或者区域配置来确定信息点数量。

表3-2　常见工作区信息点的配置原则

工作区类型及功能	安装位置	安装数量	
		数据	语音
网管中心、呼叫中心、信息中心等终端设备较为密集的场所	工作台处墙面或者地面	1 ～ 2 个 / 工作台	2 个 / 工作台
集中办公区域的写字楼、开放式工作区等人员密集场所	工作台处墙面或者地面	1 ～ 2 个 / 工作台	2 个 / 工作台
董事长、经理、主管等独立办公室	工作台处墙面或者地面	2 个 / 间	2 个 / 间
小型会议室 / 商务洽谈室	主席台处地面或者台面、会议桌地面或者台面	2 ～ 4 个 / 间	2 个 / 间
大型会议室、多功能厅	主席台处地面或者台面、会议桌地面或者台面	5 ～ 10 个 / 间	2 个 / 间
>5 000 m² 的大型超市或者卖场	收银区和管理区	1 个 / （100 m²）	1 个 / （100 m²）
2 000 ～ 3 000 m² 的中小型卖场	收银区和管理区	1 个 / （30 ～ 50 m²）	1 个 / （30 ～ 50 m²）
餐厅、商场等服务业场所	收银区和管理区	1 个 / （50 m²）	1 个 / （50 m²）
宾馆标准间	床头或写字台或浴室	1 个 / 间或写字台	1 ～ 3 个 / 间
学生公寓（4 个 / 间）	写字台处墙面	4 个 / 间	4 个 / 间

工作区类型及功能	安装位置	安装数量	
		数据	语音
公寓管理室、门卫室	写字台处墙面	1个/间	1个/间
教学楼教室	讲台附近	1～2个/间	
住宅楼	书房	1个/套	2～3个/套

（3）工作区信息点点数统计表。工作区信息点点数统计表简称点数统计表，是设计和统计信息点数量的基本工具和手段。信息点点数统计表能够一次性准确和清楚地表示和统计出建筑物的信息点数量。建筑物网络和语音点数统计表的格式见表 3-3。

表 3-3　建筑物网络和语音信息点点数统计表的格式

楼层编号	房间或者区域编号										数据点数合计	语音点数合计	信息点数合计
	01		03		05		07		09				
	数据	语音	数据	语音	数据	语音	数据	语音	数据	语音			
18层	3		1		2		3		3		12		
		2		1		2		3		2		10	
17层	2		2		3		2		3		12		
		2		2		2		2		2		10	
16层	5		3		5		6		6		24		
		4		3		4		5		4		20	
15层	2		2		3		2		3		12		
		2		2		2		2		2		10	
合计											60		110
												50	

（三）工作区子系统的设计实例

设计实例 1　独立单人办公室信息点设计

设计独立单人办公室信息点布局，信息插座可以设计安装在墙面或地面两种，设计图如图 3-2 所示。

设计实例 2　独立多人办公室信息点设计

设计独立多人办公室信息点布局，信息插座可以设计安装在墙面或地面两种，设计图如图 3-3 所示。

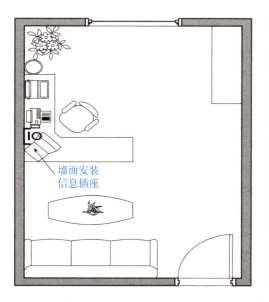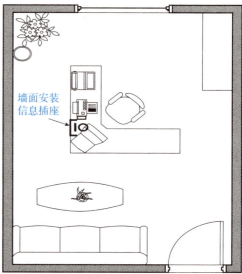

图 3-2 独立单人办公室信息点设计图

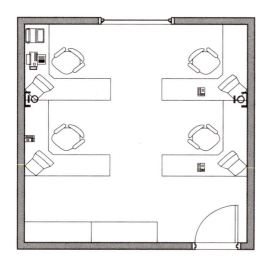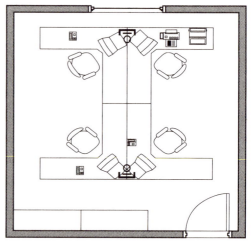

图 3-3 独立多人办公室信息点设计图

设计实例 3 集中办公区信息点设计

设计集中办公区信息点布局时，必须考虑空间的利用率和办公人员工作的便利性，进行合理的设计，信息插座根据工位的摆放设计安装在墙面和地面，设计图如图 3-4 所示。

设计实例 4 会议室信息点设计

一般设计会议室的信息点时，在会议讲台处至少设计 1 个信息点，以便于设备的连接和使用，在会议室墙面的四周也可以考虑一些信息点，设计图如图 3-5 所示。

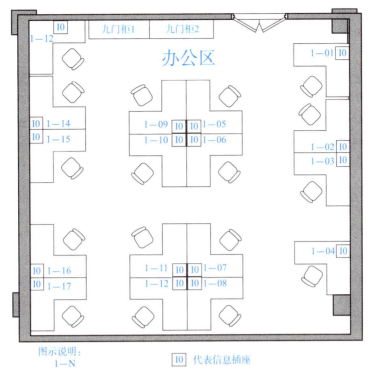

图示说明：
1—N　　　　　　　　　　IO　代表信息插座

图 3-4　集中办公区信息点设计图

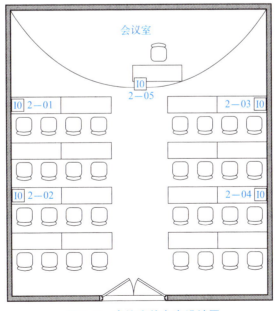

图 3-5　会议室信息点设计图

设计实例 5　学生宿舍信息点设计

随着高校信息化建设的发展，学生宿舍也开始配备信息接口，以满足学生的需要。同时根据学校对学生住宿的规划、房间家具的摆放，合理地设计信息插座位置。

一般高校学生宿舍床铺的下部为学习、生活区，安装有课桌和衣柜等，上面为床。这样就要根据床和课桌的位置安装信息插座，设计图如图 3-6 所示。

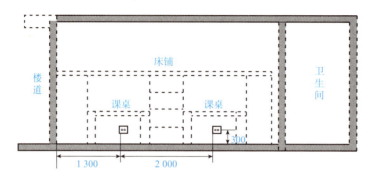

图 3-6 学生宿舍信息点设计图

设计实例 6 超市信息点设计

一般在大型超市的网络综合布线设计中，主要信息点集中在收银区和管理区域，选购区域设置很少的信息点，设计图如图 3-7 所示。

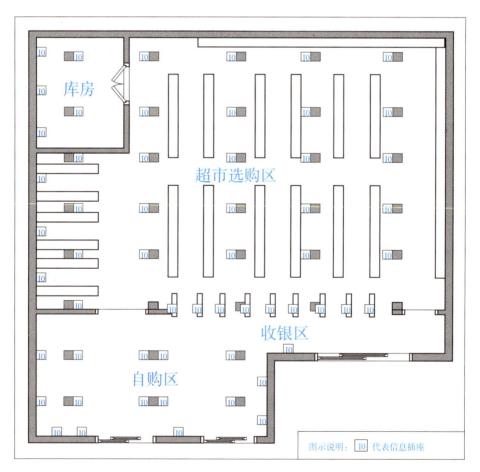

图 3-7 某超市信息点设计图

（四）工作区子系统的工程技术

1. 标准要求

《综合布线系统工程设计规范》（GB 50311—2016）第 7 章"安装工艺要求内容"中，对工作区的安装工艺提出了具体要求。暗装在地面上的接线盒应防水和抗压，安装在墙面或柱子上的信息插座底盒的底部离地面的高度宜为 300 mm。每个工作区配置不少于 2 个 220 V/180 A 单相交流电源插座盒，电源插座应选用带保护接地的单相电源插座。

2. 信息点安装位置

（1）教学楼、学生公寓、实验楼、住宅楼等不需要进行二次区域分割的工作区，信息点宜设计在非承重的隔墙上，宜在设备使用位置或者附近。

（2）写字楼、商业、大厅等需要进行二次分割和装修的区域，宜在四周墙面设置信息点，也可以在中间的立柱上设置信息点，要考虑二次隔断和装修时扩展方便性和美观性。

（3）学生公寓等信息点密集的隔墙，宜在隔墙两面对称设置信息点。

（4）银行营业大厅的对公区、对私区和 ATM 自助区信息点的设置要考虑隐蔽性和安全性。特别是离行式 ATM 机的信息点插座不能暴露在客户区中。

（5）指纹考勤机、门警系统信息点插座的高度宜参考设备的安装高度设置。

3. 底盒安装

网络信息点插座底盒按照材料组成一般分为金属底盒和塑料底盒；按照安装方式一般分为暗装底盒和明装底盒；按照配套面板规格分为 86 系列和 120 系列。

一般墙面安装 86 系列面板时，配套的底盒有明装和暗装两种，如图 3-8、图 3-9 所示。

图 3-8　做好线标和压接好模块的土建暗装底盒　　　图 3-9　压接好模块的墙面明装底盒

安装各种底盒时，一般按照下列步骤进行。

（1）目视检查产品的外观是否合格：特别检查底盒上的螺钉孔必须正常，如果其中有一个螺钉孔损坏则坚决不能使用。

（2）取掉底盒挡板：根据进出线方向和位置，取掉底盒预设孔中的挡板。

（3）固定底盒：明装底盒按照设计要求用膨胀钉栓直接固定在墙面上。

（4）成品保护：暗装底盒的安装一般在土建过程中进行，因此在底盒安装完毕后，必须进行成品保护，特别是要安装螺钉孔，以防止水泥砂浆灌入螺孔或者穿线管。

4. 网络数据模块和电话语音模块的安装

网络数据模块和电话语音模块的安装方法基本相同，一般安装顺序为：准备材料和工具→清理和标记→剪掉多余线头→剥线→压线→压防尘盖。

5. 面板的安装

面板的安装是信息插座安装的最后一个工序，一般应该在端接模块后立即进行，以保护模块。安装时将模块卡接到面板接口中。如果双口面板上有网络和电话插口标记，则按照标记口位置安装。如果双口面板上没有标记，宜将网络模块安装在左边，将电话模块安装在右边，并且在面板表面做好标记。

二、水平子系统的设计与施工

水平子系统设计

水平子系统施工

（一）水平子系统的基本概念和结构

水平子系统是网络综合布线结构的一部分，它将垂直子系统线路延伸到用户工作区，实现信息插座和管理间子系统的连接，包括工作区与楼层配线间之间的所有电缆、连接硬件（信息插座、插头、端接水平传输介质的配线架、跳线架等）、跳线线缆及附件。

（二）水平子系统的设计原则

水平子系统设计的步骤：首先进行需求分析，与用户进行充分的技术交流并了解建筑物用途；其次认真阅读建筑物设计图纸，确定工作区子系统信息点的位置和数量，完成点数表；再次进行初步规划和设计，确定每个信息点的水平布线路径；最后确定布线材料的规格和数量，列出材料规格和数量统计表。

一般工作流程为：需求分析→技术交流→阅读建筑物图纸→规划和设计→完成材料规格和数量统计表。

（三）水平子系统的规划和设计

1. 水平子系统线缆的布线距离规定

水平子系统属于配线子系统，对于线缆的长度做了统一规定，配线子系统各线缆长度应符合图 3-10 所示的划分并应符合下列要求。

（1）配线子系统信道的最大长度不应大于 100 m。

（2）信道总长度不应大于 2 000 m。

（3）建筑物或建筑群配线设备之间（FD 与 BD、FD 与 CD、BD 与 BD、BD 与 CD 之间）组成的信道出现 4 个连接器件时，主干线缆的长度不应小于 15 m。

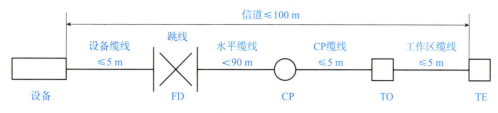

图 3-10 配线子系统线缆划分

2. 开放型办公室布线系统长度的计算

开放型办公室布线系统长度的计算公式如下：

$$C=(102-H)/1.2$$
$$W=C-5$$

式中 $C=W+D$——工作区电缆、电信间跳线和设备电缆的长度之和，D 为电信间跳线和设备电缆的总长度；

W——工作区电缆的最大长度，且 $W \le 22$ m；

H——水平电缆的长度。

3. 管道线缆的布放根数

线缆布放在管与线槽内的管径与截面利用率，应根据不同类型的线缆做不同的选择。管内穿放大对数电缆或 4 芯以上光缆时，直线管路的管径利用率应为 50% ～ 60%，弯管路的管径利用率应为 40% ～ 50%。管内穿放 4 对对绞电缆或 4 芯光缆时，截面利用率应为 25% ～ 35%。线缆布放在线槽内的截面利用率应为 30% ～ 50%。具体情况可以参考表 3-4、表 3-5。

表 3-4 线槽规格型号与容纳双绞线最多条数

线槽/桥架类型	线槽、桥架规格/mm	容纳双绞线最多条数	截面利用率/%
PVC	20×10	2	30
PVC	25×12.5	4	30
PVC	30×16	7	30
PVC	39×18	12	30
金属、PVC	50×22	18	30
金属、PVC	60×30	23	30
金属、PVC	75×50	40	30
金属、PVC	80×50	50	30
金属、PVC	100×50	60	30
金属、PVC	100×80	80	30
金属、PVC	150×75	100	30
金属、PVC	200×100	150	30

表 3-5　线管规格型号与容纳双绞线最多条数

线管类型	线管规格 /mm	容纳双绞线最多条数	截面利用率 /%
PVC、金属	16	2	30
PVC	20	3	30
PVC、金属	25	5	30
PVC、金属	32	7	30
PVC	40	11	30
PVC、金属	50	15	30
PVC、金属	63	23	30
PVC	80	30	30
PVC	100	40	30

4. 布线弯曲半径要求

布线中如果不能满足最小弯曲半径要求，双绞线电缆的缠绕节距会发生变化，严重时电缆可能损坏，直接影响电缆的传输性能。在光纤系统中，则可能导致大衰减。因此，在设计布线路径时，应尽量避免和减少弯曲，增大电缆的拐弯曲率半径值。管线敷设允许的弯曲半径见表 3-6。

表 3-6　管线敷设允许的弯曲半径

线缆类型	弯曲半径
4 对屏蔽、非屏蔽电缆	不小于电缆外径的 4 倍
大对数主干电缆	不小于电缆外径的 10 倍
2 芯或 4 芯室内光缆	>25 mm
其他芯数和主干室内光缆	不小于光缆外径的 10 倍
室外光缆、电缆	不小于线缆外径的 20 倍

注：当线缆采用电缆桥架布放时，桥架内侧的弯曲半径不应小于 300 mm。

5. 综合布线电缆与电力电缆的间距

在水平子系统中，经常出现综合布线电缆与电力电缆平行布线的情况，为了减少电力电缆电磁场对网络系统的影响，综合布线电缆与电力电缆接近布线时，必须保持一定的距离。《综合布线系统工程设计规划》（GB 50311—2016）规定的间距应符合表 3-7 的规定。

表 3-7　综合布线电缆与电力电缆的间距

类别	与综合布线电缆接近状况	最小间距 /mm
380 V 电力电缆＜ 2 kV · A	与线缆平行敷设	130
	有一方在接地的金属线槽或钢管中	70
	双方都在接地的金属线槽或钢管中①	10
380 V 电力电缆 2 ～ 5 kV · A	与线缆平行敷设	300
	有一方在接地的金属线槽或钢管中	150
	双方都在接地的金属线槽或钢管中	80
380 V 电力电缆＞ 5 kV · A	与线缆平行敷设	600
	有一方在接地的金属线槽或钢管中	300
	双方都在接地的金属线槽或钢管中	150

①注：双方都在接地的线槽中，是指两个不同的线槽，也可指在同一线槽中用金属板隔开，且平行长度 ≤ 10 m。

（四）水平子系统的设计实例

设计实例 1　墙面暗埋管线施工图

在设计水平子系统的埋管图时，一定要根据设计信息点的数量，确定埋管规格，如图 3-11 所示。每个房间安装 2 个信息插座，每侧墙面上安装 2 个信息插座。

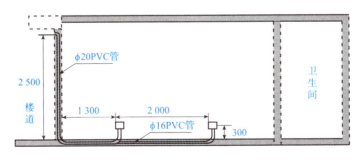

图 3-11　墙面暗埋管线施工图

设计实例 2　墙面明装线槽施工图

水平子系统明装线槽安装时要保持线槽水平，必须确定统一的高度，如图 3-12 所示。

设计实例 3　地面线槽铺设施工图

地面线槽铺设就是从楼层管理间引出的线缆走地面线槽到地面出线盒或由分线盒引出的支管到墙上的信息出口，如图 3-13 所示。由于地面出线盒或分线盒不依赖于墙或柱体而直接走地面垫层，因此这种布线方式适用于大开间或需要隔断的场合。

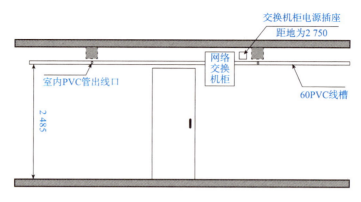

图 3-12　墙面明装线槽施工图

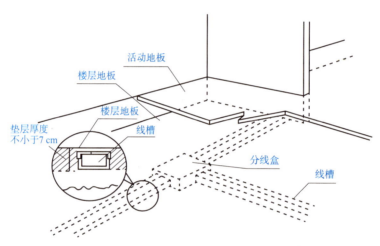

图 3-13　地面线槽铺设施工图

设计实例 4　吊顶上架空线槽布线施工图

吊顶上架空线槽布线是由楼层管理间引出来的线缆先走吊顶内的线槽，到各房间后，经分支线槽从槽梁式电缆管道分叉后将电缆穿过一段支管引向墙壁，沿墙而下到房内信息插座的布线方式，如图 3-14 所示。

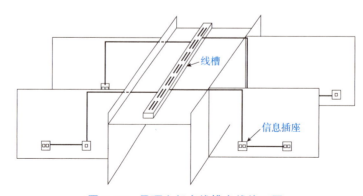

图 3-14　吊顶上架空线槽布线施工图

设计实例5 楼道桥架布线示意

楼道桥架布线主要应用于楼间距离较短且要求采用架空的方式布放干线线缆的场合，如图3-15所示。

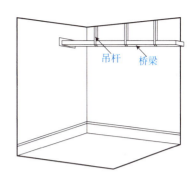

三、垂直子系统的设计与施工

（一）垂直子系统的基本概念

垂直子系统是网络综合布线系统中非常关键的组成部分。它由设备间子系统与管理间子系统的引入口

图3-15 楼道桥架布线示意

之间的布线组成，采用大对数电缆或光缆，如图3-16所示。它是建筑物内综合布线的主馈线缆，是楼层配线间与设备间之间垂直布放（或空间较大的单层建筑物的水平布线）线缆的统称。

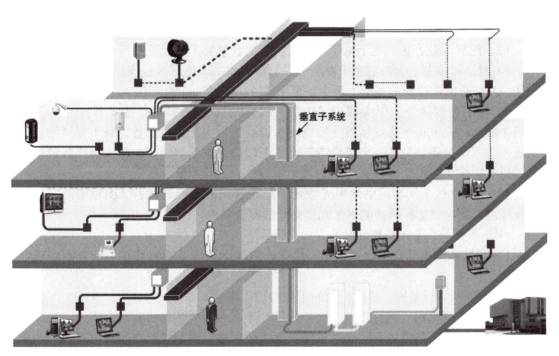

图3-16 垂直子系统示意

（二）垂直子系统的设计原则

1. 设计步骤

垂直子系统设计的步骤：首先进行需求分析，与用户进行充分的技术交流和了解建筑物用途；其次认真阅读建筑物设计图纸，确定管理间位置和信息点数量；再次进行初步规划和

垂直子系统设计

垂直子系统施工

设计，确定每条垂直子系统布线路径；最后确定布线材料的规格和数量，列出材料规格和数量统计表。一般工作流程为：需求分析→技术交流→阅读建筑物图纸→规划和设计→完成材料规格和数量统计表。

2. 垂直子系统的规划和设计

垂直子系统的线缆直接连接着几十或几百个用户，因此一旦干线电缆发生故障，其影响巨大。为此，必须十分重视垂直子系统的设计工作。

根据综合布线的标准及规范，应按下列设计要点进行垂直子系统的设计工作。

（1）确定干线线缆类型及线对。垂直子系统所需要的电缆总对数和光纤总芯数应满足工程的实际需求，并留有适当的备份容量。主干线缆宜设置电缆与光缆，并互相作为备份路由。

（2）选择垂直子系统路径。主干电缆宜采用点对点端接，也可采用分支递减端接。

如果电话交换机和计算机主机设置在建筑物内不同的设备间，宜采用不同的主干线缆来分别满足语音和数据的需要。

在同一层若干管理间（电信间）之间宜设置干线路由。

（3）配置线缆容量。主干电缆和光缆所需的容量要求及配置应符合以下规定。

1）对语音业务，大对数主干电缆的对数应按每一个电话 8 位模块通用插座配置 1 对线，并在总需求线对的基础上至少预留 10% 的备用线对。

2）对于数据业务应以集线器（HUB）或交换机（SW）群（按 4 个 HUB 或 SW 组成 1 群）；或以每个集线器或交换机设备设置 1 个主干端口配置。每 1 群网络设备或每 4 个网络设备宜考虑 1 个备份端口。主干端口为电端口时，应按 4 对线容量；为光端口时则按 2 芯光纤容量配置。

3）当工作区至管理间的水平光缆延伸至设备间的光配线设备（BD/CD）时，主干光缆的容量应包括所延伸的水平光缆光纤的容量在内。

（4）垂直子系统线缆敷设保护方式应符合下列要求。

1）线缆不得布放在电梯或供水、供气、供暖管道竖井中，线缆不应布放在强电竖井中。

2）管理间、设备间、进线间之间干线通道应沟通。

（5）垂直子系统干线线缆的交接。为了便于综合布线的路由管理，干线电缆、干线光缆布线的交接不应多于两次。从楼层配线架到建筑群配线架之间只应通过一个配线架，即建筑物配线架（在设备间内）。当综合布线只用一级干线布线进行配线时，放置干线配线架的二级交接间可以并入楼层配线间。

（6）进行垂直子系统干线线缆的端接。干线电缆可采用点对点端接，也可采用分支递减端接以及电缆直接连接。点对点端接是最简单、最直接的接合方法，如图 3-17 所示。干线子系统每根干线电缆直接延伸到指定的楼层配线管理间或二级交接间。

（7）确定干线子系统通道规模。垂直子系统是建筑物内的主干电缆。在大型建筑物内，通常使用的干线子系统通道由一连串穿过配线间地板且垂直对准的通道组成，穿过弱电间地板的线缆井和线缆孔，如图 3-18 所示。

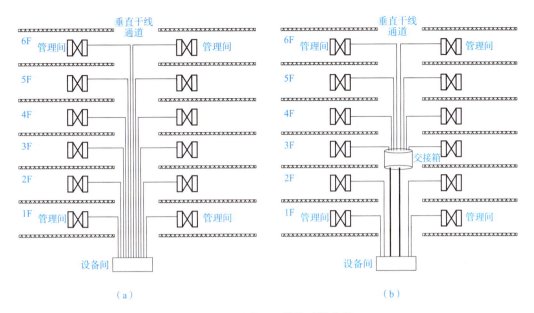

图 3-17　垂直子系统的端接方式

（a）点对点端接方式；（b）分支接合方式

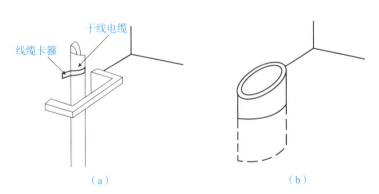

图 3-18　穿过弱电间地板的线缆井和线缆孔

（a）线缆井；（b）线缆孔

（三）垂直子系统的设计实例

设计实例 1　垂直子系统竖井位置

在设计垂直子系统的时候，必须先确定竖井的位置，以方便施工。竖井位置示意如图 3-19 所示

设计实例 2　布线系统示意

网络综合布线系统规划、设计中往往需要设计一些布线系统图，网络、电话系统布线系统图如图 3-20 所示。

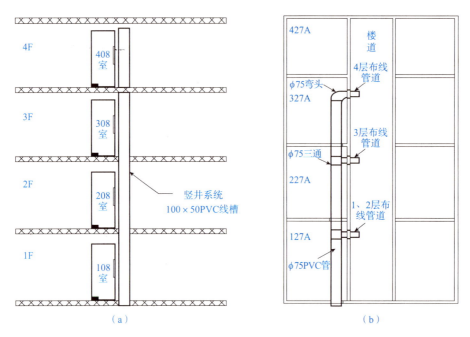

图 3-19 竖井位置示意

（a）PVC 线槽布线方式；（b）PVC 线管布线方式

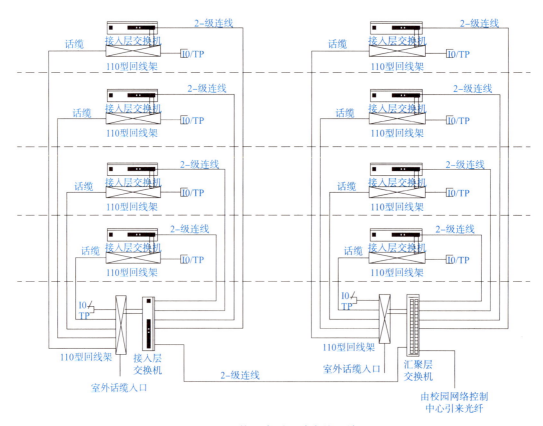

图 3-20 网络、电话系统布线系统图

（四）垂直子系统的工程设计

1. 垂直子系统布线线缆的选择

根据建筑物的结构特点以及应用系统的类型，决定选用干线线缆的类型。在垂直子系统设计常用以下 5 种线缆。

（1）4 对双绞线电缆（UTP 或 STP）；

（2）100 Ω 大对数对绞电缆（UTP 或 STP）；

（3）62.5/125 μm 多模光缆；

（4）8.3/125 μm 单模光缆；

（5）75 Ω 有线电视同轴电缆。

2. 垂直子系统布线通道的选择

垂直线缆的布线路由的选择主要依据建筑的结构以及建筑物内预埋的管道而定。目前垂直型的干线布线路由主要采用电缆孔和电缆竖井两种方法。对于单层平面建筑物水平型的干线布线路由主要用金属管道和电缆托架两种方法。

垂直子系统布线通道有下列 3 种方式可供选择。

（1）电缆孔方式。通道中所用的电缆孔是很短的管道，通常用一根或数根外径为 63 ～ 102 mm 的金属管预埋在楼板内，金属管高出地面 25 ～ 50 mm，也可直接在地板中预留一个大小适当的孔洞。

（2）管道敷设方式。管道敷设方式包括明管敷设或暗管敷设。

（3）电缆竖井方式。在新建工程中，推荐使用电缆竖井方式。

电缆竖井是指在每层楼板上开出一些方孔，一般宽度为 30 cm，并有 2.5 cm 高的井栏，具体大小要根据所布线的干线电缆数量而定。

3. 垂直子系统线缆敷设的方式

垂直干线是建筑物的主要线缆，它为从设备间到每层楼上的管理间传输信号提供通路。垂直子系统的布线方式有垂直型的，也有水平型的，主要根据建筑的结构而定。大多数建筑物是垂直向高空发展的，因此很多情况下会采用垂直型的布线方式。

在新的建筑物中，通常利用竖井通道敷设垂直干线。在竖井中敷设垂直干线一般有向下垂放线缆和向上牵引线缆两种方式。相比较而言，向下垂放比向上牵引容易。

（1）向下垂放线缆的一般步骤。

1）把线缆卷轴放到最顶层。

2）在离房子的开口（孔洞处）3 ～ 4 m 处安装线缆卷轴，并从卷轴顶部馈线。

3）在线缆卷轴处安排所需的布线施工人员（人数视卷轴尺寸及线缆质量而定），另外，每层楼上要有一个工人，以便引寻下垂的线缆。

4）旋转卷轴，将线缆从卷轴上拉出。

5）将拉出的线缆引导进竖井中的孔洞。在此之前，先在孔洞中安放一个塑料的套状保护物，以防止孔洞不光滑的边缘擦破线缆的外皮。

6）慢慢地从卷轴上放线缆并进入孔洞向下垂放，注意速度不要过快。

7）继续放线，直到下一层布线人员将线缆引到下一个孔洞。

8）按前面的步骤继续慢慢地放线，并将线缆引入各层的孔洞，直至线缆到达指定楼层进入横向通道。

（2）向上牵引线缆的一般步骤。向上牵引线缆需要使用电动牵引绞车，其主要步骤如下。

1）按照线缆的质量，选定绞车型号，并按绞车制造厂家的说明书进行操作。先往绞车中穿一条绳子。

2）启动绞车，并往下垂放一条拉绳（确认此拉绳的强度能保护牵引线缆），直到安放线缆的底层。

3）如果线缆上有一个拉眼，则将绳子连接到此拉眼上。

4）启动绞车，慢慢地将线缆通过各层的孔向上牵引。

5）线缆的末端到达顶层时，停止绞车。

6）在地板孔边沿上用夹具将线缆固定。

7）当所有连接制作好之后，从绞车上释放线缆的末端。

四、管理间子系统的设计与施工

管理间子系统设计

管理间子系统施工

（一）管理间子系统的基本概念与划分

1. 管理间子系统的基本概念

管理间子系统（Administration Sub System）由交连、互联和I/O组成。管理间为连接其他子系统提供手段，它是连接垂直系统和水平子系统的设备，其主要设备是配线架、交换机、机柜和电源。管理间子系统示意如图3-21所示。

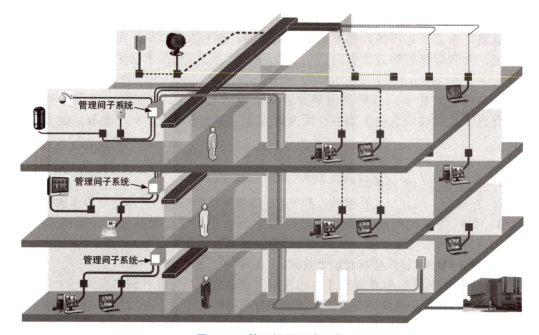
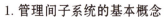

图3-21　管理间子系统示意

2. 管理间子系统的划分

管理间主要是楼层安装配线设备（机柜、机架、机箱等）和楼层计算机网络设备（集线器或交换机）的场地，并可考虑在该场地设置线缆竖井等电位接地体、电源插座、UPS 配电箱等设施。管理间子系统设置在楼层配线房间，是水平系统电缆端接的场所，也是主干系统电缆端接的场所。它由大楼主配线架、楼层分配线架、跳线、转换插座等组成。用户可以在管理间子系统中更改、增加、交接、扩展线缆，从而改变线缆路由。

管理间子系统中以配线架为主要设备，配线设备可直接安装在 19 英寸机架或者机柜上。

管理间面积的大小一般根据信息点多少安排和确定，如果信息点多，就应该考虑一个单独的房间来放置机柜，如果信息点很少时，也可采取在墙面安装机柜的方式。

（二）管理间子系统的设计原则

1. 管理间数量的确定

管理间的数量应按其所服务的楼层范围及工作区面积来确定。如果该楼层信息点数量不大于 400 个，水平线缆长度均不超过 90m，宜设置一个管理间；当超过这一范围时，宜设两个或多个管理间。如每个楼层的信息点数量较少，且水平线缆长度不大于 90m，则两个楼层合设一个管理间为好，以求节省房间面积和减少设备数量。

2. 管理间面积

《综合布线系统工程设计规范》（GB 50311—2016）中规定管理间的使用面积不应小于 5 m^2，也可根据工程中配线管理和网络管理的容量进行调整。一般新建楼房都有专门的垂直竖井，楼层的管理间基本设计在建筑物竖井内，面积在 3 m^2 左右。

3. 管理间电源要求

管理间应提供不少于两个 220 V 带保护接地的单相电源插座。

管理间如果安装电信管理设备或其他信息网络管理设备时，管理供电应符合相应的设计要求。

4. 管理间门要求

管理间应采用外开丙级防火门，门宽大于 0.7 m。

5. 管理间环境要求

管理间内温度应为 10 ℃～ 35 ℃，相对湿度宜为 20％～ 80％。一般应该考虑网络交换机等设备发热对管理间温度的影响，在夏季必须保持管理间温度不超过 35 ℃。

（三）管理间机柜

机柜有增强电磁屏蔽、削弱设备工作噪声、减小设备占地面积等优点，常用于布线配线设备、计算机网络设备、通信设备、电子设备等的叠放。

机柜主要有基本框架、内部支撑系统、布线系统、通风系统 4 个部分，有宽度、高度和深度三个常规指标。人们把 19 英寸机柜叫作标准机柜。机柜有立式和壁挂式两种，如图 3-22 所示。虽然 19 英寸面板设备的安装宽度为 465.1 mm，但机柜的总体宽度常见的有 600 mm 和 800 mm 两种。高度一般从 0.7 m 到 2.4 m 不等，厂商可定制特殊高度的产品，常见的成品 19 英寸机柜高度为 1.0 m、1.2 m、1.6 m、1.8 m、2.0 m 和

2.2 m。机柜的深度一般为 400 ～ 800 mm，常见的成品 19 英寸机柜的深度为 500 mm、600 mm 和 800 mm。

机柜内设备安装所占高度用一个特殊单位"U"表示，1 U=44.45 mm。机柜一般都是按 nU 的规格制造的。多少个"U"的机柜表示能容纳多少个"U"的配线设备或网络设备。通常，42 U 机柜的高度为 2.0 m，37 U 机柜的高度为 1.8 m，18 U 机柜的高度为 1.0 m。

机柜配件示意如图 3-23 所示。

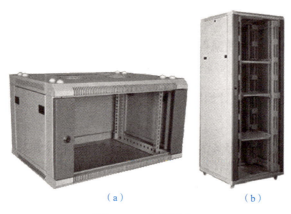

图 3-22 机柜示意

（a）壁挂式；（b）立式

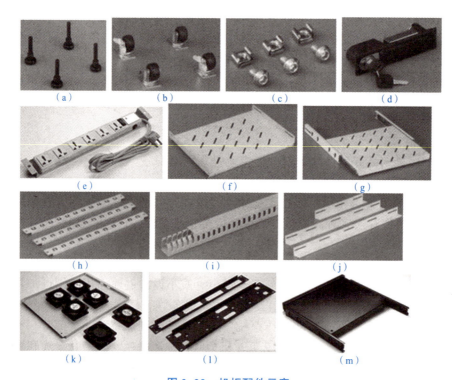

图 3-23 机柜配件示意

（a）支脚；（b）重载脚轮；（c）方螺母、内六角 B 头螺钉；（d）弹力门锁；（e）电源排插；（f）固定板；
（g）滑动板；（h）扎线杆；（i）塑料走线槽；（j）L 导轨；（k）风扇、风扇盘；（l）U 板；（m）键盘架

（四）管理间子系统的工程技术

1. 机柜安装要求

《综合布线系统工程设计规范》（GB 50311—2016）第7章"安装工艺要求内容"中，对机柜的安装有如下要求。

一般情况下，网络综合布线系统的配线设备和计算机网络设备采用19英寸标准机柜安装。机柜尺寸通常为600 mm（宽）×900 mm（深）×2 000 mm（高），共有42 U的安装空间。机柜内可安装光纤连接盘、RJ45（24口）配线模块、多线对卡接模块（100对）、理线架、计算机设备（集线器/交换机）等。

2. 电源安装要求

管理间的电源一般安装在网络机柜的旁边，安装220 V（三孔）电源插座。如果是新建建筑，一般要求在土建施工过程时按照弱电施工图上标注的位置安装到位。

3. 通信跳线架安装要求

通信跳线架主要用于语音配线系统。其一般采用110型跳线架，主要是上级程控交换机过来的接线与到桌面终端的语音信息点连接线之间的连接和跳接部分，便于管理、维护、测试。

其安装步骤如下。

（1）取出110型跳线架和附带的螺钉。

（2）利用十字螺钉旋具把110型跳线架用螺钉直接固定在网络机柜的立柱上。

（3）理线。

（4）按打线标准把每个线芯按照顺序压在跳线架下层模块端接口中。

（5）把5对连接模块用力垂直压接在110型跳线架上，完成下层端接。

4. 网络配线架安装要求

网络配线架安装要求如下。

（1）在机柜内部安装配线架前，首先要进行设备位置规划或按照图纸规定确定位置，统一考虑机柜内部的跳线架、配线架、理线环、交换机等设备。

（2）线缆采用地面出线方式时，一般线缆从机柜底部穿入机柜内部，配线架宜安装在机柜下部。

（3）配线架应该安装在左右对应的孔中，水平误差不大于2 mm，更不允许左右孔错位安装。

5. 交换机安装要求

安装交换机前首先检查产品外包装是否完整，开箱检查产品，收集和保存配套资料（一般包括交换机、2个支架、4个橡皮脚垫和4个螺钉、1根电源线、1个管理电缆），然后准备安装交换机，一般步骤如下。

（1）从包装箱内取出交换机设备。

（2）给交换机安装两个支架，安装时要注意支架方向。

（3）将交换机放到机柜中提前设计好的位置，用螺钉固定到机柜立柱上，一般交换机上下要留一些空间用于空气流通和设备散热。

（4）将交换机外壳接地，将电源线拿出来插在交换机后面的电源接口中。

（5）完成上面几步操作后就可以打开交换机电源了，在电源开启状态下查看交换机是否出现抖动现象，如果出现抖动现象，应检查脚垫高低或机柜上的固定螺钉松紧情况。

注意：拧取这些螺钉的时候不要过紧，否则会让交换机倾斜，也不能过于松垮，这样交换机在运行时不会稳定，在工作状态下设备会抖动。

6. 理线环的安装

理线环的安装步骤如下。

（1）取出理线环和所带的配件——螺钉包。

（2）将理线环安装在网络机柜的立柱上。

注意：在机柜内设备之间的安装距离至少留1 U的空间，以便于设备散热。

7. 编号和标记

管理间子系统是网络综合布线系统的线路管理区域。该区域中往往安装有大量的线缆、管理器件及跳线，为了方便以后线路的管理工作，对管理间子系统的线缆、管理器件及跳线都必须做好标记，以标明位置、用途等信息。完整的标记应包含以下的信息：建筑物名称、位置、区号、起始点和功能。

（五）管理间子系统的设计实例

设计实例1　建筑物竖井内安装方式

近年来，随着网络的发展和普及，在新建的建筑物中每层都考虑设置管理间，并给网络等留有弱电竖井，便于安装网络机柜等管理设备。如图3-24所示，在竖井管理间中安装网络机柜，这样方便设备的统一维修和管理。

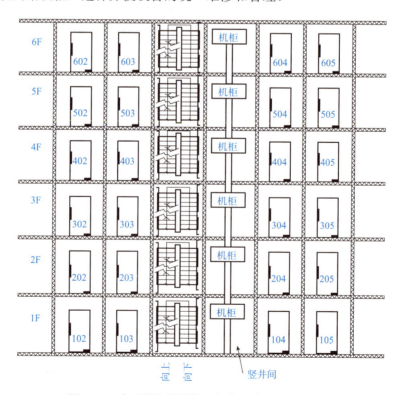

图3-24　在建筑物竖井管理间中安装网络机柜示意

设计实例 2   建筑物楼道明装方式

在学校宿舍信息点比较集中、数量相对多的情况下，可考虑将网络机柜安装在楼道的两侧，如图 3-25 所示。这样可以减小水平布线的距离，同时也方便网络布线施工的进行。

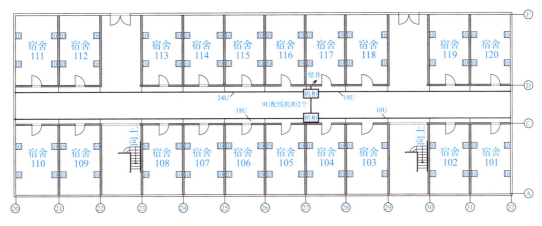

图 3-25   楼道明装网络机柜示意

设计实例 3   建筑物楼道半嵌墙安装方式

在特殊情况下，需要将网络机柜半嵌墙安装，网络机柜露在外的部分主要用于设备散热，如图 3-26 所示。这样的网络机柜需要单独设计、制作。

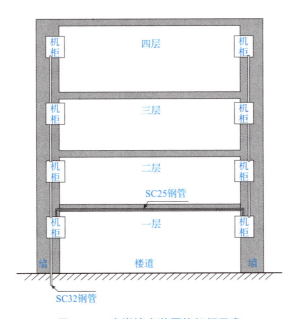

图 3-26   半嵌墙安装网络机柜示意

设计实例 4   住宅楼改造增加网络综合布线系统

在已有住宅楼中需要增加网络综合布线系统时，一般每个住户考虑 1 个信息点，这样每个单元的信息点数量比较少，一般将一个单元作为一个管理间，往往把网络机柜设计安装在该单元的中间楼层，如图 3-27 所示。

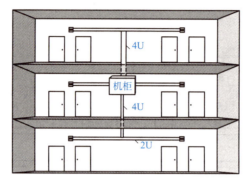

图 3-27　旧住宅楼安装网络机柜示意

五、设备间子系统的设计与施工

设备间子系统设计

（一）设备间子系统的基本概念

设备间子系统是一个集中化设备区，连接系统公共设备及通过垂直子系统连接至管理子系统，如局域网（LAN）、主机、建筑自动化和保安系统等。

设备间子系统是大楼中数据、语音垂直主干线缆终接的场所，也是建筑群的线缆进入建筑物终接的场所，还是各种数据语音主机设备及保护设施的安装场所，如图 3-28 所示。

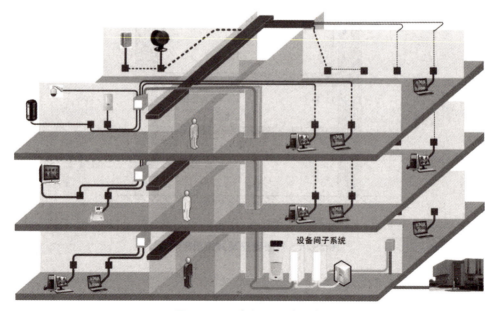

图 3-28　设备间子系统示意

（二）设备间子系统的设计原则

设备间子系统的设计主要考虑设备间的位置以及设备间的环境要求。

1. 设备间的位置

设备间的位置及大小应根据建筑物的结构、综合布线规模、管理方式以及应用系统设备的数量等方面进行综合考虑，择优选取。确定设备间的位置可以参考以下设计要求。

（1）应尽量建在综合布线垂直子系统的中间位置，并尽可能靠近建筑物电缆引入区和网络接口，以方便干线线缆的进出；

（2）应尽量避免设在建筑物的高层或地下室以及用水设备的下层；

（3）应尽量远离强振动源和强噪声源；

（4）应尽量避开强电磁场的干扰；

（5）应尽量远离有害气体源以及易腐蚀、易燃、易爆物；

（6）应便于接地装置的安装。

2. 设备间的使用面积

设备间的使用面积要考虑所有设备的安装面积，还要考虑预留工作人员管理操作设备的地方。设备间的使用面积可按照下述两种方法之一确定。

方法一：已知 S_b 为与综合布线有关的并安装在设备间内的设备所占面积（m^2）；S 为设备间的使用面积（m^2），则

$$S=(5 \sim 7)\Sigma S_b$$

方法二：当设备尚未选型时，则设备间使用面积 S 为

$$S=KA$$

式中　A——设备间的所有设备台（架）的总数；

　　　K——系数，取值为（4.5 ～ 5.5）m^2/台（架）。

设备间使用面积不得小于 20 m^2。

3. 设备间的建筑结构

设备间的建筑结构主要依据设备大小、设备搬运以及设备质量等因素而设计。设备间的高度一般为 2.5 ～ 3.2 m。设备间门的大小至少为高 2.1 m，宽 1.5 m。

设备间的楼板承重设计一般分为两级：

$$A 级 \geqslant 500 \text{ kg/m}^2$$

$$B 级 \geqslant 300 \text{ kg/m}^2$$

4. 设备间的环境要求

设备间内安装了计算机、计算机网络设备、电话程控交换机、建筑物自动化控制设备等硬件设备。这些设备的运行需要满足相应的温度、湿度、供电、防尘等要求。设备间内的环境设置可以参照国家计算机用房设计标准《数据中心设计规范》（GB 50174—2017）等相关标准及规范（图 3-29）。

5. 设备间的设备管理

设备间内的设备种类繁多，而且线缆布设复杂。为了管理好各种设备及线缆，设备间内的设备应分类分区安装，设备间内所有进出线装置或设备应采用不同色标，以区别各类用途的配线区，方便线路的维护和管理（图 3-30）。

图 3-29　设备间的环境

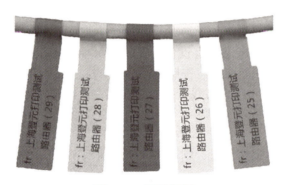

图 3-30　配线色标

6.设备间的接地要求

设备间设备安装过程中必须考虑设备的接地。根据综合布线相关规范要求，设备间的接地要求如下。

（1）直流工作接地电阻一般要求不大于 4 Ω，交流工作接地电阻也不应大于 4 Ω，防雷保护接地电阻不应大于 10 Ω。

（2）建筑物内部应设有一套网状接地网络，保证所有设备共同的参考等电位。如果网络综合布线系统单独设置接地系统，且能保证与其他接地系统之间有足够的距离，则接地电阻值规定为小于等于 4 Ω。

（3）为了获得良好的接地，推荐采用联合接地方式。所谓联合接地方式，就是将防雷接地、交流工作接地、直流工作接地等统一接到共用的接地装置上。

（4）接地所使用的铜线电缆规格与接地的距离有直接关系，一般接地距离在 30 m 以内，接地导线采用直径为 4 mm 的带绝缘套的多股铜线缆。

7.设备间内的线缆敷设

（1）活动地板方式。这种方式是线缆在活动地板下的空间敷设，由于地板下空间大，因此线缆容量大，路由自由短捷，可节省线缆费用，线缆敷设和拆除均简单方便，能适应线路增减变化，有较高的灵活性，便于维护管理，如图 3-31 所示。

（2）地板或墙壁内沟槽方式。这种方式是在建筑中预先建成的墙壁或地板内沟槽中敷设线缆，沟槽的断面尺寸大小根据线缆终期容量来设计，上面设置盖板保护。这种方式造价较活动地板低，便于施工和维护，也有利于扩建，但沟槽设计和施工必须与建筑设计和施工同时进行，在配合协调上较为复杂（图3-32）。

图3-31 活动地板敷线

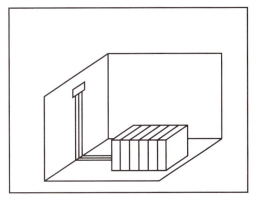

图3-32 沟槽敷线

（3）预埋管路方式。这种方式是在建筑的墙壁或楼板内预埋管路，其管径和根数根据线缆需要来设计，穿放线缆比较容易，维护、检修和扩建均有利，造价低，技术要求不高，是一种最常用的方式（图3-33）。

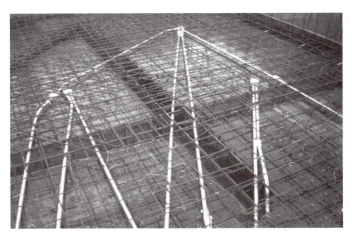

图3-33 预埋管路

（4）机架走线方式。这种方式是在设备（机架）上沿墙安装走线架（或槽道）的敷设方式，走线架和槽道的尺寸根据线缆需要设计。它不受建筑的设计和施工限制，可以在建成后安装，便于施工和维护，也有利于扩建（图3-34）。

（三）设备间子系统的设计实例

设计实例1 设备间布局设计图

在设计设备间布局时，一定要将安装设备区域和管理人员办公区域分开考虑，这样不但便于管理人员的办公而且便于设备的维护，如图 3-35 所示。设备区域与办公区域使用玻璃隔断分开。

图 3-34 机架走线

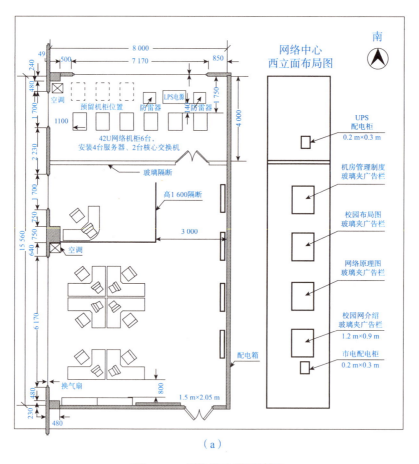

（a）

图 3-35 设备间布局设计图

（a）设备间布局平面图

（b）

图 3-35 设备间布局设计图（续）

（b）设备间装修效果图

设计实例 2　设备间预埋管路图

设备间的布线管道一般采用暗敷预埋方式，如图 3-36 所示。

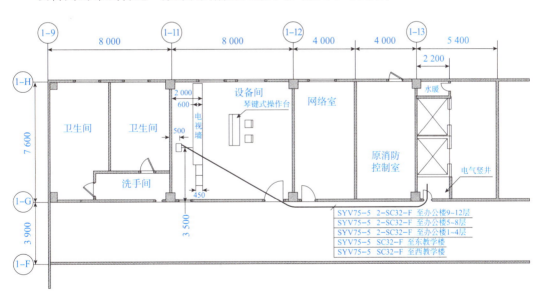

图 3-36 设备间预埋管路图

六、进线间和建筑群子系统工程技术

（一）进线间子系统

进线间主要作为室外电、光缆引入楼内的成端与分支及光缆

进线间和建筑群子
系统工程技术

的盘长空间位置。随着光缆至大楼、用户、桌面的应用及容量日益增多，进线间子系统显得尤为重要（图3-37）。

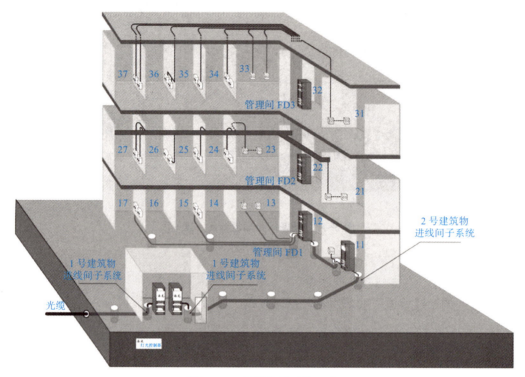

图 3-37　进线间子系统示意

1. 进线间的位置

一般一个建筑物宜设置 1 个进线间，供多家电信运营商和业务提供商使用，通常设于地下一层。外线宜从两个不同的路由引入进线间，这有利于与外部管道沟通。进线间与建筑物红外线范围内的人孔或手孔采用管道或通道的方式互连。

2. 进线间面积的确定

进线间涉及因素较多，难以统一提出具体所需面积，可根据建筑物实际情况，并参照通信行业和国家的现行标准要求进行设计。

进线间应满足线缆的敷设路由、成端位置及数量、光缆的盘长空间和线缆的弯曲半径、充气维护设备、配线设备安装所需要的场地空间和面积等要求。

3. 线缆配置要求

建筑群主干电缆和光缆、公用网和专用网电缆、光缆及天线馈线等室外线缆进入建筑物时，应在进线间成端转换成室内电缆、光缆，并可在线缆的终端处由多家电信业务经营者设置入口设施，入口设施中的配线设备应按引入的电、光缆容量配置。

应在电信业务经营者或其他业务服务商在进线间设置的入口配线设备与 BD（建筑物配线设备）或 CD（建筑群配线设备）之间敷设相应的连接电缆、光缆，实现路由互通。线缆类型与容量应与配线设备一致。

4. 入口管孔数量

在进线间应设置管道入口。

在进线间线缆入口处的管孔数量应留有充分的余量，以满足建筑物之间、建筑物弱电系统、外部接入业务及多家电信业务经营者和其他业务服务商线缆接入的需求，建议留有 2 ～ 4 孔的余量。

5. 进线间的设计

进线间宜靠近外墙和在地下设置，以便于线缆引入。进线间设计应符合下列规定。

（1）进线间应防止渗水，宜设有抽排水装置。

（2）进线间应与布线系统垂直竖井沟通。

（3）进线间应采用相应防火级别的防火门，门向外开，宽度不小于 1 000 mm。

（4）进线间应设置防有害气体措施和通风装置，排风量按每小时不小于 5 次容积计算。

（5）进线间安装配线设备和信息通信设施时，应符合设备安装设计的要求。

（6）与进线间无关的管道不宜通过。

（7）进线间入口管道所有布放线缆和空闲的管孔应采取防火材料封堵，做好防水处理。

（二）建筑群子系统

1. 建筑群子系统的规划和设计

建筑群子系统主要应用于多幢建筑物组成的建筑群综合布线场合，单幢建筑物的网络综合布线系统可以不考虑建筑群子系统。建筑群子系统的设计主要考虑布线路由选择、线缆选择、线缆布线方式等内容（图 3-38）。

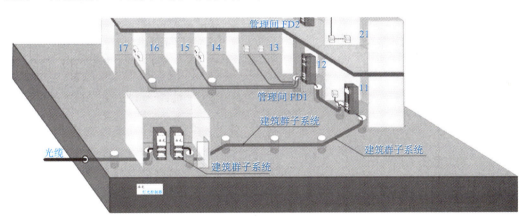

图 3-38 建筑群子系统示意

建筑群子系统应按下列要求进行设计。

（1）考虑环境美化要求。建筑群子系统设计应充分考虑建筑群覆盖区域的整体环境美化要求，建筑群干线电缆尽量采用地下管道或电缆沟敷设方式。

（2）考虑建筑群未来的发展需要。在线缆布线设计时，要充分考虑各建筑需要安装的信息点种类、信息点数量，选择相对应的干线电缆的类型以及电缆敷设方式，使网络综合布线系统建成后保持相对稳定，能满足今后一定时期内各种新的信息业务发展需要。

（3）线缆路由的选择。考虑到节省投资，应尽量选择距离短、线路平直的线缆路由，但具体还要根据建筑物之间的地形或敷设条件而定。

（4）线缆引入要求。建筑群干线电缆、光缆进入建筑物时，都要设置引入设备，并在适当位置终端转换为室内电缆、光缆。

（5）干线电缆、光缆交接要求。建筑群的干线电缆、主干光缆布线的交接不应多于两次。从每幢建筑物的楼层配线架到建筑群设备间的配线架之间只应通过一个建筑物配线架。

（6）建筑群子系统布线线缆的选择。建筑群子系统敷设的线缆类型及数量由综合布线连接应用系统的种类及规模来决定。

2. 建筑群子系统的设计实例

设计实例 1　室外管道的铺设

在设计建筑群子系统的预埋管图时，一定要根据建筑物之间数据或语音信息点的数量来确定埋管规格，如图 3-39 所示。

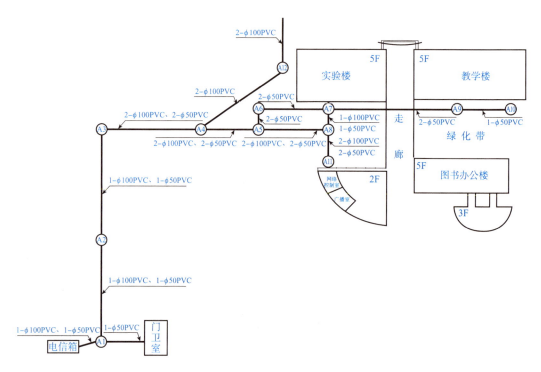

图 3-39　建筑群之间预埋管图

设计实例 2　室外架空方式

建筑物之间线路的连接还有一种方式，即室外架空方式。这种连接方式造价较低，但影响环境美观且安全性和灵活性不足（图 3-40）。

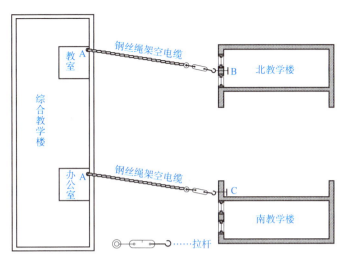

图 3-40 室外架空图

项目实施

一、PVC 线管的铺设与施工

本项目需要根据设计图纸完成 PVC 线管的安装和布线，掌握线管卡、线管安装的方法和技巧，训练学生规范施工的能力。

PVC 线管的铺设与施工见表 3-8。

表 3-8 PVC 线管的铺设与施工

操作步骤	操作内容	实现效果	注意事项
1	工具包括线管剪、弯管器、米尺、锯弓、壁纸刀、十字螺钉旋具、电动工具		耗材有线管若干、线管卡若干、三通一个、弯头一个、信息模块、明装底盒、信息面板
2	用卷尺测量壁挂式机柜到模拟墙阴角转角处的距离		注意不要划伤手

操作步骤	操作内容	实现效果	注意事项
3	测量阴角转角处到86底盒的距离		在操作时一定要规范，否则会出现误差
4	将线管卡安装在模拟墙上		每个铺设的线管至少安装两个线管卡
5	固定明装底盒		使用螺钉将明装底盒固定在设计的工作区位置上
6	进行标记		用记号笔对弯管的位置进行标记
7	使用弯管器进行弯管		标记的位置与弯管器对齐

操作步骤	操作内容	实现效果	注意事项
8	将弯管器放入 PVC 线管		在牵引线标记的位置进行切管
9	弯管		弯管时保持弯曲的状态停留 1～2 min，松开线管检查是否到位，弯曲角度为 90°
10	弯管		注意：管路弯曲半径不得小于管径的 6 倍，现场各种不同类型管道弯曲时，使用的工具或方法不合适，或者弯管弯曲半径过小，都容易造成线管弯折导致无法穿线
11	将 PVC 线管放到模拟墙上		查看多出的 PVC 线管
12	做好标记		用铅笔做好标记

操作步骤	操作内容	实现效果	注意事项
13	切管		在弯曲的两侧要留 10 cm 左右的长度
14	处理毛刺		切管时必须尺寸精确，管口毛刺必须处理好，使用工具或方法不合适，管口毛刺处理不好，会导致接头安装困难，后其穿线时也容易损坏电线绝缘层
15	铺设 PVC 线管		成排的管路需排列整齐、有序，两管之间有一定的间距，固定牢固，在潮湿的环境中各个连接器件连接后要进行涂防水胶处理
16	穿线		把双绞线从壁挂式机柜穿到 PVC 线管至明装底盒处
17	用弯头连接		需要安装弯头

操作步骤	操作内容	实现效果	注意事项
18	测量		测量弯头到明装底盒的距离
19	标记		根据测量的长度做好标记
20	剪断 PVC 线管		在剪管时，将 PVC 线管剪压接到 PVC 线管形变时，可轻轻旋转 PVC 线管，这样的切口比较平滑
21	将双绞线穿入 PVC 线管		可将弯头先向前旋转 90°

续表

操作步骤	操作内容	实现效果	注意事项
22	盘线		穿入的双绞线需在底盒处预留 10～15 cm 长度，在实际工程中，PVC 线管里面是预穿钢丝的，穿线时，将钢丝与双绞线的一端固定，然后抽出钢丝将双绞线牵引入 PVC 线管
23	拧紧螺钉		注意防止电动工具伤到手
24	扣好盖板		至此完成
总结与注意事项	进行 PVC 线管铺设操作时要注意： 1. 每个水平铺设的 PVC 线管至少安装两个线管卡； 2. 切管时必须尺寸精确，切管管口毛刺必须处理好，各个接缝处不能超过 2 mm； 3. 成排的管路需排列整齐、有序，两管之间有一定的间距，固定牢固； 4. 熟练掌握线管工具的使用方法及使用技巧，发扬不怕苦不怕累的劳动精神		

二、PVC 线槽的铺设与施工

本项目需要根据设计图纸完成 PVC 线槽的安装和布线，掌握 PVC 线槽安装的方法和技巧，训练学生规范施工的能力。

PVC 线槽的铺设与施工见表 3-9。

表 3-9　PVC 线槽的铺设与施工

操作步骤	操作内容	实现效果	注意事项
1	工具包括 45° 角尺、剪刀、米尺、锯弓、壁纸刀、十字螺钉旋具、电动工具		耗材有线槽若干、信息插座模块、明装底盒、信息面板
2	根据图纸确定 PVC 线管的安装位置，用螺钉将线管卡固定在模拟墙壁上		安装 86 信息底盒
3	用卷尺测量壁挂式机柜到 86 盒的距离（首先测量阴阳角的距离，再测量转角到 86 信息底盒的安装距离）		在操作时一定要规范，否则会出现误差
4	把 PVC 线槽的盖板从一侧抽出，放到模块墙的横拖上，避免操作中损坏盖板		在抽 PVC 线槽盖板的时候要防止 PVC 线槽划到手
5	在 PVC 线槽的底盒根据先前测量的尺寸做好标记		做标记的时候一定要细心，不然容易出现错误

续表

操作步骤	操作内容	实现效果	注意事项
6	采用两点一线的方法在中间画一条直线		在操作时一定要按图纸的说明来操作
7	取出45°角尺,将角尺和刚刚画好的线对齐,45°倾斜面与PVC线槽的底盒的侧壁贴紧		在操作时要注意防止45°角尺伤到手
8	将45°角尺翻180°画好另一侧的斜面,用同样的方法将线槽底盒也画好线		两侧线必须一致,否则参差不齐
9	用线槽剪剪出2个豁口,如豁口缝隙过大,可用壁纸刀修整		使用线槽剪时要注意安全,观察两侧的衔接处不超过2 mm即可

操作步骤	操作内容	实现效果	注意事项
10	将做好的底盒安放在模拟墙上		需要在对应的螺钉孔位置做好标记
11	制作45°平角，测量线槽平角转角处的角度		用斜角顶端和底端到实训装置模拟墙阴角墙面的距离，并做好标记
12	将线槽底盒放到45°的模具中		使两边的标记与切割口对齐
13	拿出锯弓放入45°的切割口，进行切割		不要误伤人
14	使用壁纸刀进行处理		要保证切面平滑无毛刺，可使用壁纸刀处理切割口的毛刺

续表

操作步骤	操作内容	实现效果	注意事项
15	将线槽底盒放到模具的钻孔位置		使用电动工具在线槽底盒标识处钻孔，要注意安全
16	安装制作好的线槽底盒，使用螺钉将线槽底盒固定在模拟墙上		将线槽底盒放到实训装置的模拟墙上，在测量、标记和安装的过程中，由于线槽底盒较长，要组员共同配合完成，保证线槽底盒不掉落破损
17	分别测量斜角底端和顶端到明装86信息底盒的距离		在使用卷尺的时候要注意安全，防止划伤手
18	在线槽底盒上分别做好标记		按照要求操作

操作步骤	操作内容	实现效果	注意事项
19	将线槽底盒放到45°的模具中，使两边的标记与切割口对齐		不要误伤人
20	使用壁纸刀进行毛边处理		注意两个倾斜面的倾斜方向，不要切割反了
21	将做好的线槽底盒安装到实训装置模拟墙上		需要在对应的螺钉孔位置做好标记
22	将线槽底盒放到模具钻孔位置上，进行钻孔		使用电动工具的时候要注意安全
23	将线槽底盒固定到实训装置的模拟墙上，使接口处缝隙不超过 2 mm		使用电动工具的时候要注意安全，防止伤到手

续表

操作步骤	操作内容	实现效果	注意事项
24	制作线槽盖板		要按照原来测量的尺寸做好标记
25	进行切割		要注意安全，防止伤到人
26	使用壁纸刀进行处理毛刺		要注意安全，防止伤到手
27	用卷尺测量		用卷尺测量先前线槽平角转角处到斜角的底端距离
28	在剩余的盖板上做好标记		要用先前测量的尺寸

操作步骤	操作内容	实现效果	注意事项
29	将线槽盖板放到45°的模具中，使两边的标记与切割口对齐，进行切割		要注意安全，防止伤到人
30	使用壁纸刀进行处理毛刺		要注意安全，防止伤到手
31	分别测量斜角底端和顶端到明装86信息底盒的距离		在使用卷尺的时候要注意安全，防止划伤手
32	在线槽盖板上做好标记		测量好距离
33	将线槽盖板放到45°的模具中，使两边的标记与切割口对齐，进行切割		要注意安全，防止伤到手

操作步骤	操作内容	实现效果	注意事项
34	切割后用壁纸刀进行毛刺处理		要注意安全，防止伤到手
35	将双绞线在壁挂式机柜的侧口中引出，布放到线槽底盒里		在操作的时候要留好底盒双绞线的长度
36	扣好盖板		在扣盖板的时候要防止夹到手
37	效果图		PVC 线槽铺设完成
总结与注意事项	进行 PVC 线槽的铺设操作时要注意： 1. 切割时必须尺寸精确； 2. 切口毛刺必须处理好； 3. 各连接处接缝不超过 2 mm； 4. 熟练掌握线槽工具的使用方法及使用技巧，养成认真肯干的学习态度，发扬吃苦耐劳的精神		

项目总结

本项目主要通过线管、线槽布线的设计与施工，让学生对综合布线的工作内容有深刻的了解，通过项目实施内容，增强学生的岗位认知，提高职业品质与责任担当，同时注意提高安全意识。动手施工在技能等级证书的考取方面占有一定比例，学生可以反复训练，达到技能要求。

项目习题

一、填空题

1. 最常用的为_____信息插座，即 RJ45 连接器。
2. 估算信息引出插座数量，一般设计_____平面图供用户选择。
3. 工作区子系统设计的一般工作流程：需求分析→技术交流→_____→初步设计方案→_____→方案确认→正式设计→_____。
4. 单人办公室信息插座可以设计安装在_____或_____。
5. 一般设计会议室的信息点时，在会议讲台处至少设计_____个信息点，以便于设备的连接。
6. 随着高校信息化建设的发展，学生宿舍也开始配备_____，以满足学生的需要。
7. 一般在大型超市的综合布线设计中，主要信息点集中在_____和_____。
8. 信息插座设计在距离地面_____以上。
9. 信息插座与计算机设备的距离保持在_____范围内。
10. 配线子系统信道的长度不应大于_____。
11. 信道总长度不应大于_____。
12. 主干线缆的长度不应小于_____。
13. 管内穿放大对数电缆或 4 芯以上光缆时，直线管路的管径利用率应为_____。
14. 弯管路的管径利用率应为_____。
15. 管内穿放 4 对对绞电缆或 4 芯光缆时，截面利用率应为_____。
16. 布放线缆在线槽内的截面利用率应为_____。
17. _____是网络综合布线系统中非常关键的组成部分，它由_____与_____的引入口之间的布线组成，采用大对数电缆或光缆。
18. 大对数电缆或光缆是建筑物内综合布线的主馈线缆，是楼层_____与_____之间垂直布放线缆的统称。
19. 主干线缆宜设置_____与_____，并互相作为备份路由。
20. _____端接是最简单、最直接的接合方法。
21. 主干电缆宜采用点对点端接，也可采用_____端接。

22. _____系统是建筑物内的主干电缆。

23. 管理间子系统（Administration Sub System）由_____、_____和_____组成。

24. 管理间为连接其他子系统提供手段，它是连接_____和_____的设备。

25. 管理间主要为楼层中安装_____和楼层计算机_____的场地。

26. 每个楼层一般宜至少设置_____个管理间。

27. 管理间应采用外开丙级防火门，门宽大于_____m。

28. 管理间内温度应为_____。

29. 管理间内相对湿度宜为_____。

30. 一般情况下，网络综合布线系统的配线设备和计算机网络设备采用_____标准机柜安装。

31. 通信跳线架主要用于_____。

32. _____是一个集中化设备区，连接系统公共设备及通过垂直子系统连接至管理子系统，应尽量避开_____的干扰。

33. 直流工作接地电阻一般要求不大于_____。

34. 接地所使用的铜线电缆规格与接地的距离有直接关系，一般接地距离在_____以内。

35. 设备区域与办公区域使用_____隔断分开。

36. 设备间的布线管道一般采用_____方式。

37. 接地导线采用直径为_____的带绝缘套的多股铜线缆。

38. 一般一个建筑物宜设置_____个进线间。

39. _____应设置管道入口。

40. 进线间宜靠近_____和在_____设置，以便于线缆引入。

41. 进线间应采用相应防火级别的防火门，门向外开，宽度不小于_____。

42. 建筑群的干线电缆、主干光缆布线的交接不应多于_____次。

43. 在设计建筑群子系统的预埋管图时，一定要根据建筑物之间_____或_____信息点的数量来确定埋管规格。

44. 建筑物之间线路的连接还有一种方式就是_____。

45. 用户信息插座盒及集合点配线箱体的底部离地面的高度宜为_____。

46. 网络信息点插座底盒按照材料组成一般分为_____底盒和_____地盒；按照安装方式一般分为_____底盒和_____底盒；按照配套面板规格分为_____系列和_____系列。

47. 一般墙面安装 86 系列面板时，配套的底盒有_____和_____两种。

48. 安装面板是安装信息插座的最后一个工序，一般应该在_____后立即进行，以保护模块。

49. 每 1 个工作区至少应配置 1 个_____交流电源插座。

50. 管道敷设方式包括_____或_____敷设。

51. 在新的建筑物中，通常利用_____敷设垂直干线。

52. 在竖井中敷设垂直干线一般有_____电缆和_____电缆两种方式。

53. 根据网络综合布线工程示意图完成_____到_____之间的安装和端接。

54. 电缆竖井是指在每层楼板上开出一些方孔，一般宽度为_____，并有_____高的井栏，具体大小要根据所布线的干线电缆数量而定。

55. 机柜尺寸通常为_____（宽）×_____（深）×_____（高），共有_____的安装空间。

56. _____的电源一般安装在网络机柜的旁边，安装_____三孔电源插座。

57. _____主要用于语音配线系统。

58. 安装交换机前首先检查产品_____完整、_____检查产品、_____和_____资料。

59. 在机柜内设备之间的安装距离至少留_____的空间，便于设备散热。

60. 计算机网络中心设备间电源系统采用_____防雷设计。

二、单项选择题

1. （　　）μm 表示多模光缆。
A. 60.5/125　　　B. 59.5/125　　　　　　C. 61.5/125　　　　　　D. 62.5/125

2. （　　）μm 表示单模光缆。
A. 8.3/125　　　　B. 8.5/125　　　　　　C. 8.8/125　　　　　　D. 8.0/125

3. 有线电视同轴电缆的特性阻抗为（　　）Ω。
A. 75　　　　　　B. 70　　　　　　　　C. 69　　　　　　　　D. 52

4. 金属管高出地面（　　）mm。
A. 25～40　　　　B. 20～50　　　　　　C. 25～50　　　　　　D. 25～65

5. 在离房子的开口孔洞处（　　）m 处安装线缆卷轴，并从卷轴顶部馈线。
A. 3～5　　　　　B. 4～6　　　　　　　C. 3～6　　　　　　　D. 3～4

项目四
网络综合布线系统工程管理

项目描述

网络综合布线系统工程在施工过程中形成自身的项目管理方案和目标，能够科学有效地进行管理，对项目的如期交付使用起到非常重要的作用。本项目分别从现场管理制度与要求、技术管理、施工现场人员管理、材料管理、安全管理、质量控制管理、成本控制管理、施工进度控制等方面介绍网络综合布线系统工程管理。

项目目标

1. 了解网络综合布线系统工程管理制度，掌握工程中各类报表的编制要求。
2. 掌握工程概预算的作用和方法，掌握工程测试的方法及故障排除方法。
3. 培养学生坚定制度自信、职业自信，培养创新意识、法律意识。

项目任务

本项目主要完成网络综合布线系统工程管理的理论学习，通过复杂永久链路的实践，进一步学习工程测试的相关内容。

项目知识储备

网络综合布线系统
工程管理

一、网络综合布线系统工程管理

（一）现场管理制度与要求

施工现场管理的基本要求主要包括以下方面。

（1）对现场工作环境进行管理，项目经理部应按照施工组织设计的要求管理作业现场工作环境，落实各项工作负责人；在施工过程中，应严格执行检查计划，对于检查中所发现的问题进行分析，制定纠正及预防措施，并予以实施；对工程中的责任事故应按奖惩方案予以奖惩；施工现场的安全和环境保护工作应按照企业的相关保护条例和施工组织设计的相关要求进行；当施工现场发生紧急事件时，应按照企业的事故应急预案进行处理。

（2）对现场居住环境的管理，项目经理部应根据施工组织设计的要求，对施工驻地的材料放置和伙房卫生进行重点管理，落实驻点管理负责人和工地伙房管理办法、员工宿舍管理办法、驻点防火防盗措施、驻点环境卫生管理办法，教育员工熟悉火灾时的逃生通道，在外进餐时应注意饮食卫生，以保证施工材料和施工人员的安全（图4-1）。

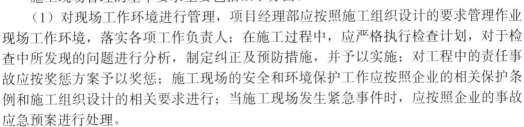

图 4-1　某施工现场图

（3）对现场周围环境的管理，要求项目经理部实施施工组织设计中的相关计划，在考虑施工现场周围环境的地形特点、施工的季节、现场的交通流量、施工现场附近的居民密度、施工现场的高压线和其他管线情况、与公路及铁路的交越情况、与河流的交越情况等前提下进行施工作业，对重要环境因素应重点对待。

（4）对于现场物资的管理，由于线路工程点多线长，物资管理人员应按照施工组织设计中的分屯计划组织接收工程物资。对于线路和其他专业的通信工程，物资管理人员还应按照施工组织设计的要求进行进货检验，并填写相应的检验记录。

（二）技术管理、施工现场人员管理、材料管理、安全管理

1.技术管理——图纸审核

在工程开工前，使参与施工的工程管理及技术人员充分地了解和掌握图纸的设计意图、工程特点和技术要求；通过审核，发现施工图设计中存在的问题和错误，在施工图设计会审会议上提出，为施工项目实施提供一份准确、齐全的施工图纸。审查施工图设计的程序通常分为自审、会审两个阶段。

（1）施工图的自审。施工单位收到施工项目的有关技术文件后，应尽快地组织有关的工程技术人员对施工图设计进行熟悉，写出自审的记录。自审施工图设计的记录应包括对设计图纸的疑问和对设计图纸的有关建议等。

（2）施工图设计会审。一般由业主主持，由设计单位、施工单位和监理单位参加，四方共同进行施工图设计的会审。由设计单位的工程主设计人向与会者说明拟建工程的设计依据、意图和功能要求，并对特殊结构、新材料、新工艺和新技术提出设计要求。施工单位根据自审记录以及对设计意图的了解，提出对施工图设计的疑问和建议；在统一认识的基础上，对所探讨的问题逐一做好记录，形成"施工图设计会审纪要"，由业主正式行文，作为与设计文件同时使用的技术文件和指导施工的依据，以及业主与施工单位进行工程结算的依据（图 4-2）。

2.技术管理（技术交底）

为确保所承担的工程项目满足合同规定的质量要求，保证项目的顺利实施，应

使所有参与施工的人员熟悉并了解项目的概况、设计要求、技术要求、工艺要求。技术交底是确保工程项目质量的关键环节，是质量要求、技术标准得以全面认真执行的保证。

图 4-2　施工图设计示意

（1）技术交底的依据。技术交底应在合同交底的基础上进行，主要依据有施工合同、施工图设计、工程摸底报告、设计会审纪要、施工规范、各项技术指标、管理体系要求、作业指导书、业主或监理工程师的其他书面要求等。

（2）技术交底的内容。技术交底的内容包括工程概况、施工方案、质量策划、安全措施、"三新"技术、关键工序、特殊工序（如果有的话）和质量控制点、施工工艺（遇有特殊工艺要求时要统一标准）、法律、法规、对成品和半成品的保护，制定保护措施、质量通病预防及注意事项。

（3）技术交底的要求。施工前项目负责人对分项、分部负责人进行技术交底，施工中对业主或监理提出的有关施工方案、技术措施及设计变更的要求在执行前进行技术交底。技术交底要做到逐级交底，随接受交底人员岗位的不同，交底的内容有所不同。

3. 施工现场人员管理

施工现场人员管理的内容如下。

（1）制定施工人员档案；

（2）佩戴有效工作证件；

（3）制定进入场地安全守则；

（4）管理离职或被解雇人员；

（5）确定工作时间；

（6）明确施工人员工作责任；

（7）制定施工人员行为规范和奖惩制度等。

4. 材料管理

材料管理的内容如下。

（1）材料采购准备工作；

（2）材料使用控制；

（3）材料领取、入库、出库管理；

（4）节约材料包干使用奖罚制度制定。

5. 安全管理（安全控制措施）

施工阶段安全控制要点主要包括：施工现场防火；施工现场用电安全；低温雨期施工防潮；机具仪表的保管、使用；机房内施工时通信设备、网络等电信设施的安全；施工过程中水、电、煤气、通信电（光）缆管线等市政或电信设施的安全；施工过程中的文物保护；井下作业时的防毒、防坠落、防原有线缆损坏；公路上作业的安全防护；高处作业时人员和仪表的安全等。各安全控制点的控制措施内容如下。

（1）施工现场防火措施。施工现场实行逐级防火责任制，施工单位应明确一名施工现场负责人为防火负责人，全面负责施工现场的消防安全管理工作，根据工程规模配备消防员和义务消防员。

熟悉施工现场的消防器材，机房施工现场严禁吸烟。电气设备、电动工具不准超负荷运行，线路接头要结实、接牢、防止设备线路过热或打火短路。现场材料堆放不宜过多，堆垛之间保持一定的防火间距。

（2）施工现场安全用电措施。临时用电和带电作业的安全控制措施应在《施工组织设计》中予以明确。

（3）低温雨期施工控制措施。低温雨期施工时，施工人员应尽量避免高空作业，必须进行高空作业时，应穿戴防冻、防滑的保温服装和鞋帽；吊装机具在低温下工作时，应考虑其安全系数；光缆的接续机具和测试仪表工作时应采取保温措施，满足其对温度的要求；车辆应加装防冻液、防滑链，注意防冻、防滑。

（4）在用通信设备、网络安全的防护措施。机房内施工电源断接时，应注意所使用工具的绝缘防护，检查新装设备，在确保新设备电源系统无短路、接地等故障时，方可进行电源断接工作，以防止发生设备损坏、人员伤亡事故。

（5）防毒、防坠落、防原有线缆损坏的措施，地下设施的保护，地下作业时的安全措施。

（6）公路上作业的安全防护措施。严格按照批准的施工方案进行施工，服从交警人员的管理和指挥，主动接受询问、交验证件，协助搞好交通安全工作。保护一切公路设施，协调处理好施工与交通安全的关系。

（7）高空、高处作业时的安全措施。高空、高处作业是一项危险性较大的作业项目，容易造成人员、物体坠落。控制措施内容分别如下：高空作业人员必须经过专门的安全培训，取得资格证书后方可上岗作业。安全员必须严格按照操作规程进行现场检查。作业人员应接受书面的危险岗位操作规程，并明白违章操作的危害。

（三）质量控制管理、成本控制管理

1. 质量控制管理

质量控制主要表现为施工组织和施工现场的质量控制，控制的内容包括工艺质量控制和产品质量控制。影响质量控制的因素主要有"人、材料、机械、方法和环境"五大方面。因此，对这五方面因素严格控制，是保证工程质量的关键。

具体措施如下。

（1）现场成立以项目经理为首，由各分组负责人参加的质量管理领导小组；

（2）承包方在工程中应投入受过专业训练及经验丰富的人员来施工及督导；

（3）应严格按照施工图纸、操作规程及现阶段规范要求进行施工；

（4）认真做好施工记录；

（5）加强材料的质量控制，是提高工程质量的重要保证；

（6）认真做好技术资料和文档工作，对于各类设计图纸资料仔细保存，对各道工序的工作认真做好记录和文字资料，完工后整理出整个系统的文档资料，为今后的应用和维护工作打下良好的基础。

2. 成本控制管理

（1）施工前计划。

1）做好项目成本计划；

2）组织签订合理的工程合同与材料合同；

3）制定合理可行的施工方案。

（2）施工过程中的控制。

1）降低材料成本。

①实行三级收料及限额领料；

②合理组织材料进出场。

2）节约现场管理费。

（3）工程实施完成的总结分析。

1）根据项目部制定的考核制度，体现奖优罚劣的原则；

2）在竣工验收阶段要着重做好工程的扫尾工作。

（四）施工进度控制

施工进度控制的关键就是编制施工进度计划，合作安排好前后作业的工序，综合布线工程具体的作业安排如下。

（1）对于与土建工程同时进行的布线工程，首先检查竖井、水平线槽、信息插座底盒是否已安装到位，布线路由是否全线贯通，设备间、配线间是否符合要求。对于需要安装布线槽道的布线工程来说，首先需要安装竖井、水平线槽和插座底盒等。

（2）敷设主干布线主要是敷设光缆或大对数电缆。

（3）敷设水平布线主要是敷设双绞线。

（4）在敷设线缆的同时，为各设备间设立跳线架，安装跳线面板光纤盒。

（5）当水平布线工程完成后，开始为各设备间的光纤及 UTP/STP 安装跳线板，为端口及各设备间的跳线设备做端接。

（6）安装好所有的跳线板及用户端口后做全面性的测试，包括光纤及 UTP/STP，并提供报告交给用户。

网络综合布线系统工程施工组织进度表见表 4-1。

表 4-1   网络综合布线系统工程施工组织进度表

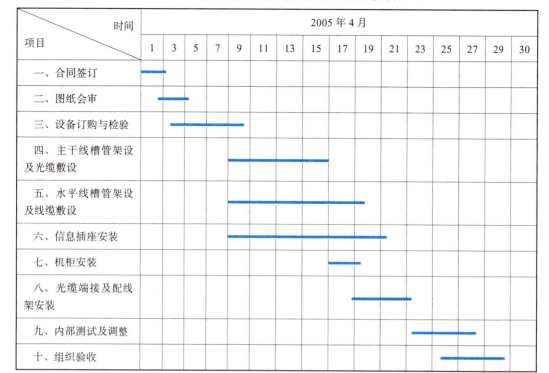

（五）工程各类报表的作用和要求

1. 施工进度日志

施工进度日志由现场工程师每日随工程进度填写施工中需要记录的事项，具体表格样式见表 4-2。

表 4-2   施工进度日志

组别：		人数：	负责人：		日期：	
工程进度计划：						
工程实际进度：						
工程情况记录：						
时间		方位、编号	处理情况		尚待处理情况	备注

2. 施工责任人员签到表

每日进场施工的人员必须签到，签到按先后顺序，每人必须亲笔签名，签到的目的是明确施工的责任人。施工责任人签到表由现场项目工程师负责落实，并保留存档。具体格式见表 4-3。

表 4-3　施工责任人员签到表

项目名称：		项目工程师：				
日期	姓名 1	姓名 2	姓名 3	姓名 4	姓名 5	姓名 6	姓名 7

3. 施工事故报告单

施工过程中无论出现何种事故，都应由项目负责人根据初步情况填写"施工事故报告单"。具体格式见表 4-4。

表 4-4　施工事故报告单

填报单位：	项目工程师：
工程名称：	设计单位：
地点：	施工单位：
事故发生时间：	报告时间：
事故情况及主要原因：	

4. 工程开工报告

工程开工前，由项目工程师负责填写"工程开工报告"，待有关部门正式批准后方可开工，正式开工后该报告由施工管理员负责保存待查。具体格式见表 4-5。

表 4-5　工程开工报告

工程名称		工程地点	
用户单位		施工单位	
计划开工	年　月　日	计划竣工	年　月　日
工程主要内容：			
工程主要情况：			
主抄： 抄送： 报告日期：	施工单位意见： 签名： 日期：	建设单位意见： 签名： 日期：	

5. 施工报停表

工程在实施过程中可能会受到其他施工单位的影响，或者用户单位提供的施工场地和条件及其他原因造成施工无法进行。为了明确工期延误的责任，应该及时填写

"施工报停表"，在有关部门批复后将该表存档。具体格式见表 4-6。

表 4-6　施工报停表

工程名称			工程地点		
建设单位			施工单位		
停工开工	年　月　日		计划复工		年　月　日
工程停工主要原因：					
计划采取的措施和建议：					
停工造成的损失的影响：					
主抄： 抄送： 报告日期：	施工单位意见： 签名： 日期：			建设单位意见： 签名： 日期：	

6. 工程领料单

项目工程师根据现场施工进度情况安排材料发放工作，具体的领料情况必须有单据存档（表 4-7）。

表 4-7　工程领料单

工程名称			领料单位		
批料人			领料日期	年　月　日	
序号	材料名称	材料编号	单位	数量	备注

7. 工程设计变更单

工程设计经过用户认可后，施工单位无权单方面改变设计。在工程施工过程中如确实需要对原设计进行修改，必须由施工单位和用户主管部门协商解决，对局部改动必须填报"工程设计变更单"，经审批后方可施工。具体格式见表 4-8。

表4-8 工程设计变更单

工程名称		原图名称	
设计单位		原图编号	
原设计规定的内容：		变更后的工作内容：	
变更原因说明：		批准单位及文号：	
原工程量		现工程量	
原材料数		现材料数	
补充图纸编号		日期	年 月 日

8. 工程验收申请表

施工单位按照施工合同完成了施工任务后，会向用户单位申请工程验收，待用户主管部门答复后组织安排验收（表4-9）。

表4-9 工程验收申请表

工程名称		工程地点	
建设单位		施工单位	
计划开工	年 月 日	实际开工	年 月 日
计划竣工	年 月 日	实际竣工	年 月 日
工程完成主要内容：			
提前和推迟竣工的原因：			
工程中出现和遗留的问题：			
主抄： 抄送： 报告日期：	施工单位意见： 签名： 日期：		建设单位意见： 签名： 日期：

二、网络综合布线系统工程概预算

（一）工程概预算概述

建设工程的概预算是对工程造价进行控制的主要依据，它包括设计概算和施工图预算。设计概算是设计文件的重要组成部分，应严格按照批准的可行性研究报告和其他有关文件进行编制。施工图预算则是施工图设计文件的重要组成部分，应在批准的初步设计概算范围内进行编制。

概预算必须由持有勘察设计证书资格的单位编制。同样，其编制人员也必须持有信息工程概预算资格证书。

网络综合布线系统
工程概算

网络综合布线系统工程的概预算编制办法，原则上参考通信建设工程概预算编制办法，并应根据工程的特点和其他要求，结合工程所在地区，按地区住房和城乡建设主管部门颁发的有关工程概预算定额和费用定额编制工程概预算。

1. 概算的作用

（1）概算是确定和控制固定资产投资、编制和安排投资计划、控制施工图预算的主要依据。

（2）概算是签订建设项目总承包合同、实行投资包干以及核定贷款额度的主要依据。

（3）概算是考核工程设计技术经济合理性和工程造价的主要依据之一。

（4）概算是筹备设备、材料和签订订货合同的主要依据。

（5）概算在工程招标承包制中是确定标底的主要依据。

2. 预算的作用

（1）预算是考核工程成本、确定工程造价的主要依据。

（2）预算是签订工程承、发包合同的依据。

（3）预算是工程价款结算的主要依据。

（4）预算是考核施工图设计技术经济合理性的主要依据之一。

3. 概算的编制依据

（1）批准的可行性研究报告。

（2）初步建设或扩大初步设计图纸、设备材料表和有关技术文件。

（3）建筑与建筑群网络综合布线工程费用有关文件。

（4）通信建设工程概算定额及编制说明。

4. 预算的编制依据

（1）批准初步设计或扩大初步设计概算及有关文件。

（2）施工图、通用图、标准图及说明。

（3）建筑与建筑群网络综合布线预算定额。

（4）通信工程预算定额及编制说明。

（5）通信建设工程费用定额及有关文件。

5. 概算文件的内容

（1）工程概况、规模及概算总价值。

（2）编制依据，说明所依据的设计、定额、价格及地方政府有关规定和信息产业部未做统一规定的费用计算依据说明。

（3）投资分析，主要分析各项投资的比例和费用构成，分析投资情况，说明建设的经济合理性及编制中存在的问题。

（4）其他需要说明的问题。

6. 预算文件的内容

（1）工程概况、预算总价值。

（2）编制依据及对采用的收费标准和计算方法的说明。

（3）工程技术经济指标分析。

（4）其他需要说明的问题。

（二）网络综合布线系统工程的工程量计算原则

1. 工程量计算要求

工程量计算是确定安装工程直接费用的主要内容，是编制单位、单项工程造价的依据。工程量计算是否准确，将直接关系到预算的准确性。运用概预算的编制方法，以设计图纸为依据，并对设计图纸的工程量按一定的规范标准进行汇总，就是工程量计算。工程量计算是编制施工图预算的一项复杂而又十分重要的步骤，其具体要求如下。

（1）工程量的计算应按规则进行，即工程量项目的划分、计量单位的取定、有关系数的调整换算等。

（2）工程量的计算中，无论是初步设计，还是施工图设计，都要依据设计图纸计算。

（3）工程量的计算方法各不相同，但要求从事概预算的人员应在总结经验的基础上，找出计算工程量中影响预算及时性和准确性的主要矛盾，同时还要分析工程量计算中各个分项工程量之间的共性和个性关系，然后运用合理的方法加以解决。

2. 计算工程量应注意的问题

（1）熟悉图纸。

（2）正确划分项目和选用计量单位。

（3）计算中采用的尺寸要符合图纸中的尺寸要求。

（4）工程量应以安装就位的净值为准，用料数量不能作为工程量。

（5）对于小型建筑物和构筑物可另行单独规定计算规则或估列工程量和费用。

3. 工程量计算的顺序

（1）顺时针计算法，即从施工图纸右上角开始，按顺时针方向逐步计算，但一般不采用。

（2）横竖计算法或坐标法，即以图纸的轴线或坐标为工具分别从左到右，或从上到下逐步计算。

（3）编号计算法，即按图纸上注明的编号分类进行计算，然后汇总同类工程量。

（三）网络综合布线系统工程概预算的程序

1. 概预算的编制程序

（1）收集资料，熟悉图纸。

（2）计算工程量。

（3）套用定额，选用价格。

（4）计算各项费用。根据费用定额的有关规定，计算各项费用并填入相应的表格。

（5）复核。

（6）拟写编制说明。

（7）审核出版，填写封皮，装订成册。

2. IT 行业的预算设计方式

IT 行业的预算设计方式中，取费的主要内容一般由材料费、施工费、设计费、测试费、税金等组成。表 4-10 所示是典型的 IT 行业的网络综合布线系统工程预算标价设计表。

表 4-10　典型的 IT 行业的网络综合布线系统工程预算标价设计表

序号	名称	单价	数量	金额 / 元
1	信息插座（含模块）	100 元 / 套	130 套	13 000
2	5 类 UTP	1 000 元 / 箱	12 箱	12 000
3	线槽	6.8 元 /m		4 080
4	48 口配线架	1 350 元 / 个	2 个	2 700
5	配线架管理环	120 元 / 个	2 个	240
6	钻机及标签等零星材料	/	/	1 500
7	设备总价（不含测试费）			33 520
8	设计费（5%）			1 676
9	测试费（5%）			1 676
10	督导费（5%）			1 676
11	施工费（15%）			5 028
12	税金（3.41%）			1 140
13	总计			44 716

三、网络综合布线系统工程的测试

网络综合布线系统工程的测试

（一）测试类型与测试标准

1. 测试类型

网络综合布线系统工程的测试类型如下。

（1）随工测试。随工测试是施工过程中用简单的测试仪进行的验证测试，如施工人员在线缆铺设完工后所做的基本通断测试，或者一边施工一边进行的小批量通断测试，如果没有问题就可以"交工"了。

（2）竣工测试。竣工测试分为自检测试和验收测试。按照国家规范，在工程验收前应进行自检测试、验收测试工作。其中自检测试由施工单位组织进行，主要验证布线系统的连通性和终接的正确性；验收测试则由测试部门根据工程的类别，按布线系统标准规定的连接方式，完成性能指标参数的测试。依照性能标准的测试通常被称为认证测试，一个有实际意义的质量保证声明应该是基于认证测试的结果。

2. 测试标准

通信介质的正确连接及良好的传输性能，是系统正常运转的基础，系统安装完毕后，必须对系统进行必要的测试，以确认传输介质的性能指标已达到系统正常运转的要求。

国际商业大楼通信线路标准（TIA/EIA-568）对结构布线系统的线缆及连接器的传输性给出了最低的电气性能指标要求。按照不同的传输速率对布线系统电气性能的不同需求，定义了 3 类、4 类、超 5 类布线材料。现行的综合布线验收测试的国际标准还有 TIA568B（2002）和 ISO 11801（2002）、欧洲标准 EN50173:2002。

（二）永久链路测试

永久链路测试（Permanent Link Test）一般是指从配线架上的跳线插座算起，到工作区墙面板插座位置，对这段链路进行的物理性能测试，如图 4-3 所示。

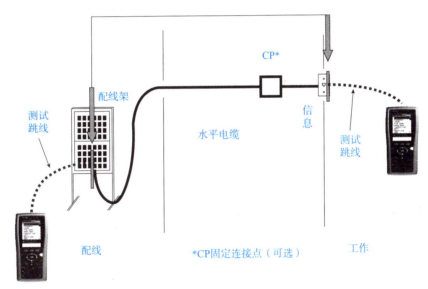

图 4-3　永久链路测试示意

一般来说，等级越高，需要测试的参数种类就越多。但也不总是这样，例如 Cat6A，此电缆链路需要测试外部串扰 ANEXT 等参数，而 Class F（7 类）链路就不需要测试外部串扰参数。以下所列是数据电缆需要测试的主要参数，不同类型的电缆参数有所取舍。

Wire Map 接线图（开路 / 短路 / 错对 / 串绕）；

Length 长度；

Propagation Delay 传输时延；

Delay Skew 时延偏离；

Insertion Lose 插入损耗 /Attenuation 衰减；

NEXT 近端串扰；

PS NEXT 综合近端串扰；

Return Loss 回波损耗；

ACR/ACR-N 衰减串扰比；

EL FEXT/ACR-F 等效远端串扰；

PS ELFEXT/PSACR-F 综合等效远端串扰；

ANEXT/PSANEXT 外部近端串扰。

在测试永久链路时，要注意以下问题。

1. 如何选择测试标准

最常用的标准是"通用型测试标准"，少部分用户还要求使用"应用型测试标准"或者"供应商自定义型标准"进行测试。

2. 如何读取仪器存储的数据

用基于 PC 的通信和数据管理软件 Link Ware 从仪器中取出测试后存储的数据，并用此软件管理测试数据。也可以用此软件将数据输出为多种报告格式供用户使用，如文本格式、CSV 格式、PDF 格式等。Link Ware 软件可以从网站上免费下载后安装使用（语言可选）。

3. 如何判读带星号（"*"）的检测结果

由于任何仪器都有测试的精度范围，故靠近精度边缘的数据将会被标注为带星号的数据。例如，仪器在 100 MHz 的测试精度是 ±0.2 dB，当测试结果为 +0.5 dB 时，测试结果肯定是合格的，而当测试结果为 +0.1 dB（合格）时，实际的真实值是 -0.05 dB（不合格），此时就会将测试结果作为可疑结果，标注为 +0.1 dB (pass*)。

4. 如何测试含 110 型配线架的永久链路

可以在永久链路测试适配器上更换个性化模块以测试含 110 型配线架的永久链路。

5. 如何测试 Class F 链路（俗称 7 类链路）

由于 7 类链路模块与 6 类链路模块完全不兼容，是非 RJ45 结构，目前已被 TIA 标准委员会批准的是 Siemon 公司的 Tera F 结构和 Nexans 公司的 GG-RJ 结构，此时需要使用 7 类测试适配器（比如 DTX-PLA011）来进行测试。

6. 如何测试 Cat6A 或者 Class EA 链路

如果被测链路使用屏蔽电缆（FTP），则可以直接使用支持 Cat6A 或者 Class EA 的永久链路适配器进行测试。如果被测链路使用非屏蔽电缆（UTP），则还需要增加测试电缆之间的干扰。电缆束中心的一根电缆会最大强度地被周围的 6 根电缆在工作时间辐射出来的电磁波干扰（外部串扰），这些干扰会破坏在中心电缆中传递的信号，导致误码率上升。

（三）信道测试

信道测试（Channel Test）又称为通道测试，一般是指从交换机端口上设备跳线的 RJ45 水晶头算起，到服务器网卡前用户跳线的 RJ45 水晶头结束，对这段链路进行的物理性能测试，如图 4-4 所示。

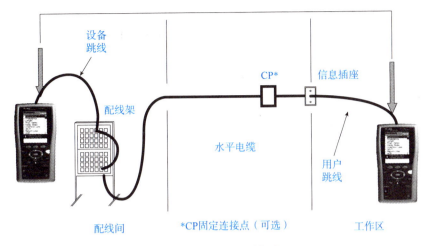

设备
跳线

CP*

信息插座

配线架

水平电缆

用户
跳线

配线间

*CP固定连接点（可选）

工作区

图4-4　信道测试模型

（四）网络综合布线系统工程的测试

网络综合布线系统工程的测试主要针对各个子系统（如水平子系统、垂直子系统等）中的物理链路进行质量检测。测试的对象有电缆和光缆。系统设备开通时部分用户会选择进行"信道测试"或者"跳线测试"。以上讨论或涉及的这些测试对象均可以在测试仪器中选定对应标准进行。

1.如何测试电缆跳线

永久链路作为质量验收的必测内容被广泛使用，信道的测试多数在开通应用的链路中被使用。为了保证信道质量总能合乎要求，用户只需要重点把握好跳线的质量就可以了。因为只要跳线质量合格，那么合格的永久链路加上合格的跳线就能保证由此构成的信道接近百分之百合格。

2.如何测试整卷线

整卷线购入后有时需要做进货验收，此时可以使用整卷线测试适配器进行测试。方法很简单，更换测试适配器（如LABA/MN），将整卷线的4个线对剥去外皮（1 cm），插入适配器测试连接孔，选择整卷线测试标准（如Cat6 spool），按下测试键并保存结果即可。

3.如何测试光纤

光纤的现场工程测试分为一级测试（tier 1）和二级测试（tier 2）。一级测试是用光源和光功率计测试光纤的衰减值，并依据标准判断是否合格，附带测试光纤的长度。二级测试是"通用型"测试和"应用型"测试，主要是测试光纤的衰减值和长度是否符合标准规定的要求，以此判断安装的光纤链路是否合格。在仪器中先选择上述某个测试标准，然后安装光纤测试模块后即可进行测试。将测试结果存入仪器或稍后用软件导入计算机进行保存和处理。仪器会根据选择的标准自动判定是否合格。

4.如何测试网络综合布线系统的接地

网络综合布线系统的接地主要是机架接地和屏蔽电缆接地。机架接地和一般的弱电设备的接地方式和接地电阻要求是相同的,一般使用接地电阻测试仪进行测试。

屏蔽电缆的接地端一般与机架或者机架接地端相连,对于屏蔽层的直流连通性测试,标准当中没有数值要求,只要求连通即可。测试方法:在电缆认证测试仪设置菜单中选择测试电缆类型为FTP,即可在测试电缆参数的同时自动增加对屏蔽层连通性的测试,结果自动合并,保留在参数测试报告中。

5.如何测试含防雷器的链路

接入防雷器的链路一般按照通道模式进行测试。某些特殊的防雷器是按照固定安装模式接入链路的,这种防雷器可以纳入永久链路的测试模式。建议用户对无防雷器的链路进行测试,然后对加装防雷器后的链路进行测试,将测试参数合并或并列到验收测试报告中。

(五)网络综合布线系统工程的验收

1.验收标准

《综合布线系统工程验收规范》(GB/T 50312—2016)(图4-5)
是根据住房和城乡建设部《关于印发〈2012年工程建设标准规范制订、修订计划〉的通知》(建标〔2012〕5号)的要求,由中国移动通信集团设计院有限公司会同有关单位共同修订完成的。由于网络综合布线系统工程中不同的项目会涉及电气、通信、机房、防雷和防火等问题,因此,网络综合布线系统工程验收还需符合国家现行有关技术标准、规范的规定,如《智能建筑工程质量验收规范》(GB 50339—2013)、《建筑电气工程施工质量验收规范》(GB 50303—2015)、《通信管道工程施工及验收标准》(GB/T 50374—2018)等。

> 网络综合布线系统
> 工程的验收

图4-5 验收规范图样

2.验收程序

在施工单位提出工程项目竣工验收申请报告后，由监理单位和建设单位分别确认竣工验收具备的条件，然后由建设单位组织监理、设计、运行等单位进行竣工验收。竣工验收后，由验收组确定结论，并提出竣工验收报告。

工程验收时，既要符合规范的要求，又要满足合同要求，这是因为合同虽不属于质量范围，但其属于管理范围，因此，工程验收时同时要符合合同的约定。以施工图审查批准书的设计图纸作为工程施工及质量验收的依据（表 4-11、表 4-12）。

表 4-11　竣工验收报告申请表

工程名称		时间	
竣工验收具备的条件：			
施工单位意见： 签字： 盖章： 　　年　月　日	监理单位意见： 签字： 盖章： 　　年　月　日		建设单位意见： 签字： 盖章： 　　年　月　日
备注：本表一式四份，业主、建设、监理、施工单位各一份。			

表 4-12　工程项目竣工验收报告格式

工程名称		时间	
一、工程概况： 二、工程竣工验收情况： 三、需整改的项目清单及主要建设： 四、竣工验收综合评价： 五、竣工验收结论： 附件：竣工验收参加单位和人员名单			
备注：本表一式六份，业主、建设、监理、设计、运行、施工单位各执一份。			

竹工验收应按以下程序组织实施。

（1）施工单位的"自检"工作完成。

（2）施工单位整理完备工程所有竣工验收所要求的工程资料。

（3）由施工单位提前 7 天提出书面的工程项目竣工验收申请报告，并签证齐全。

（4）由监理单位确认竣工验收是否具备条件，并办理完所有应由监理工程师签证的程序。

（5）由建设单位确认竣工验收具备的条件，并办理完所有应由建设单位签证的程序。

（6）由建设单位成立竣工验收组，组织监理、设计、运行等单位进行竣工验收。验收组应先组织召开竣工验收预备会，分为若干现场检查小组和资料核查小组，最后根据有关规程规范检查情况汇总，组织召开竣工验收总结会，提出竣工验收整改清单，并确定竣工验收的结论，出具竣工验收报告。参与竣工验收的各方负责人应在竣工验收报告上签字并盖单位公章。

3.验收内容

按照《综合布线系统工程验收规范》（GB/T 50312—2016）的要求，网络综合布线系统工程验收的内容主要包括环境检查、设备安装验收、线缆敷设检验、保护措施检验、线缆终接检验、工程电气测试和工程验收项目汇总 7 个方面。

（1）环境检查（表 4-13）。

表 4-13　环境检查

检查项目	具体内容
1.工作区、电信间、设备间的验收检查	（1）工作区、电信间、设备间土建工程已全部竣工。房屋地面平整、光洁，门的高度和宽度应符合设计要求。 （2）房屋预埋线槽、暗管、孔洞和竖井的位置、数量、尺寸均应符合设计要求。 （3）铺设活动地板的场所，活动地板防静电措施及接地应符合设计要求。 （4）电信间、设备间应提供 220 V 带保护接地的单相电源插座。 （5）电信间、设备间应提供可靠的接地装置，接地电阻值及接地装置的设置应符合设计要求。 （6）电信间、设备间的位置、面积、高度、通风、防火及环境温/湿度等应符合设计要求
2.建筑物进线间及入口设施的验收检查	（1）引入管道与其他设施如电气、水、煤气、下水道等的位置间距应符合设计要求。 （2）引入线缆采用的敷设方法应符合设计要求。 （3）管线入口部位的处理应符合设计要求，并应检查是否采取排水及防止气、水、虫等进入的措施。 （4）进线间的位置、面积、高度、照明、电源、接地、防火、防水等应符合设计要求
3.有关设施的安装方式应符合设计文件规定的抗震要求	—

（2）设备安装验收（表4-14）。

表4-14　设备安装验收

检查项目	具体内容
1. 机柜、机架安装验收要求	（1）机柜、机架安装位置应符合设计要求，垂直偏差度不应大于3 mm。 （2）机柜、机架上的各种零件不得脱落或碰坏，漆面不应有脱落及划痕，各种标志应完整、清晰。 （3）机柜、机架、配线设备箱体、电缆桥架及线槽等设备的安装应牢固，如有抗震要求，应按抗震设计进行加固
2. 各类配线部件安装验收要求	（1）各部件应完整，安装就位，标志齐全。 （2）安装螺钉必须拧紧，面板应保持在一个平面上
3. 信息插座模块安装验收要求	（1）信息插座模块、多用户信息插座、集合点配线模块安装位置和高度应符合设计要求。 （2）安装在活动地板内或地面上时，应固定在接线盒内，插座面板采用直立和水平等形式；接线盒盖可开启，并应具有防水、防尘、抗压功能。接线盒盖面应与地面齐平。 （3）信息插座底盒同时安装信息插座模块和电源插座时，间距及采取的防护措施应符合设计要求。 （4）信息插座模块明装底盒的固定方法根据施工现场条件确定。 （5）固定螺钉需拧紧，不应产生松动现象。 （6）各种插座面板应有标识，以颜色、图形、文字表示所接终端设备业务类型。 （7）工作区内终接光缆的光纤连接器件及适配器安装底盒应具有足够的空间，并应符合设计要求
4. 电缆桥架及线槽安装验收要求	（1）桥架及线槽的安装位置应符合施工图要求，左右偏差不应超过50 mm。 （2）桥架及线槽水平度每米偏差不应超过2 mm。 （3）垂直桥架及线槽应与地面保持垂直，垂直度偏差不应超过3 mm。 （4）线槽截断处及两线槽拼接处应平滑、无毛刺。 （5）吊架和支架安装应保持垂直，整齐牢固，无歪斜现象。 （6）金属桥架、线槽及金属管各段之间应保持良好连接，安装牢固。 （7）采用吊顶支撑柱布放线缆时，支撑点宜避开地面沟槽和线槽位置，支撑应牢固
5. 应保持良好的电气连接	安装机柜、机架、配线设备屏蔽层及金属管、线槽、桥架使用的接地体应符合设计要求

（3）线缆敷设检验（表4-15）。

表4-15　线缆敷设检验

检查项目	具体内容
线缆规格	线缆的型式、规格应与设计规定相符
铺设方式	线缆在各种环境中的敷设方式、布放间距均应符合设计要求

续表

检查项目	具体内容
布放要求	线缆的布放应自然平直，不得产生扭绞、打圈、接头等现象，不应受外力的挤压和损伤
标记	线缆两端应贴有标签，应标明编号，标签书写应清晰、端正和正确。标签应选用不易损坏的材料
可扩展性	线缆应有余量以适应终接、检测和变更。对绞电缆预留长度：在工作区宜为 3 ～ 6 m，在电信间宜为 0.5 ～ 2 m，在设备间宜为 3 ～ 5 m，光缆布放路由宜盘留，预留长度宜为 3 ～ 5 m，有特殊要求的应按设计要求预留长度

（4）保护措施检验。

1）配线子系统线缆敷设保护验收要求。

①预埋金属线槽保护要求。

a. 在建筑物中预埋线槽，宜按单层设置，每一路由进出同一过路盒的预埋线槽均不应超过 3 根，线槽截面高度不宜超过 25 mm，总宽度不宜超过 300 mm。线槽路由中若包括过线盒和出线盒，截面高度宜为 70 ～ 100 mm。

b. 线槽直埋长度超过 30 m 或在线槽路由交叉、转弯时，宜设置过线盒，以便布放线缆和维修。

c. 过线盒盖应能开启，并应与地面齐平，盒盖处应具有防灰与防水功能。

d. 过线盒和接线盒盒盖应能抗压。

e. 从金属线槽至信息插座模块接线盒间或金属线槽与金属钢管间连接时，线缆宜采用金属软管敷设。

②预埋暗管保护要求。

a. 预埋在墙体中间暗管的最大管外径不宜超过 50 mm，楼板中暗管的最大管外径不宜超过 25 mm，室外管道进入建筑物的最大管外径不宜超过 100 mm。

b. 直线布管每 30 m 处应设置过线盒装置。

c. 暗管的转弯角度应大于 90°，在路径上每根暗管的转弯角不得多于 2 个，并不应有 S 弯出现，有转弯的管段长度超过 20 m 时，应设置管线过线盒装置；有 2 个弯时，不超过 15 m 处应设置过线盒。

d. 暗管管口应光滑，并加有护口保护，管口伸出部位长度宜为 25 ～ 50 mm。

e. 至楼层电信间暗管的管口应排列有序，便于识别与布放线缆。

f. 暗管内应安置牵引线或拉线。

g. 金属管明敷时，在距接线盒 300 mm 处，弯头处的两端，每隔 3 m 处应采用管卡固定。

h. 管路转弯的曲半径不应小于所穿入线缆的最小允许弯曲半径，并且不应小于该管外径的 6 倍，暗管外径大于 50 mm 时，不应小于该管外径的 10 倍。

③设置线缆桥架和线槽保护要求。

a. 线缆桥架底部应高于地面 2.2 m 及以上，顶部距建筑物楼板不宜小于 300 mm，与梁及其他障碍物交叉处的间距不宜小于 50 mm。

b. 线缆桥架水平敷设时，支撑间距宜为 1.5～3 m。垂直敷设时固定在建筑物结构体上的间距宜小于 2 m，距地面 1.8 m 以下部分应加金属盖板保护，或采用金属走线柜包封，门应可开启。

c. 直线段线缆桥架每超过 15～30 m 或跨越建筑物变形缝时，应设置伸缩补偿装置。

d. 敷设金属线槽时，在下列情况下应设置支架或吊架：线槽接头处；每间距 3 m 处；离开线槽两端出口 0.5 m 处；转弯处。

e. 塑料线槽槽底固定点间距宜为 1 m。

f. 线缆桥架和线缆线槽转弯半径不应小于槽内线缆的最小允许弯曲半径，线槽直角弯处最小弯曲半径不应小于槽内最粗线缆外径的 10 倍。

g. 桥架和线槽穿过防火墙体或楼板时，线缆布放完成后应采取防火封堵措施。

④网络地板线缆敷设保护要求。

a. 线槽之间应沟通。

b. 线槽盖板应可开启。

c. 主线槽的宽度宜为 200～400 mm，支线槽宽度不宜小于 70 mm。

d. 可开启的线槽盖板与明装插座底盒间应采用金属软管连接。

e. 地板块与线槽盖板应抗压、抗冲击和阻燃。

f. 当网络地板具有防静电功能时，地板整体应接地。

g. 网络地板板块间的金属线槽段与段之间应保持良好导通并接地。

⑤在架空活动地板下敷设线缆时，地板内净空应为 150～300 mm。若空调采用下送风方式，则地板内净高应为 300～500 mm。

⑥吊顶支撑柱中电力线和综合布线线缆合一布放时，中间应有金属板隔开，间距应符合设计要求。

（5）线缆终接检验。

1）线缆终接的要求。

①线缆在终接前，必须核对线缆标识内容是否正确。

②线缆中间不应有接头。

③线缆终接处必须牢固、接触良好。

④对绞电缆与连接器件连接应认准线号、线位色标，不得颠倒和错接。

2）对绞电缆终接要求。

①终接时，每对对绞线应保持扭绞状态，扭绞松开长度对于 3 类电缆不应大于 75 mm；对于 5 类电缆不应大于 13 mm；对于 6 类电缆应尽量保持扭绞状态，减小扭绞松开长度。

②对绞线与 8 位模块式通用插座相连时，必须按色标和线对顺序进行卡接。插座类型、色标和编号应符合规定。两种连接方式均可采用，但在同一布线工程中两种连接方式不应混合使用。

③7 类布线系统采用非 RJ45 方式终接时，连接图应符合相关标准规定。

④屏蔽对绞电缆的屏蔽层与连接器件终接处屏蔽罩应通过紧固器件可靠接触，线缆屏蔽层应与连接器件屏蔽罩 360° 圆周接触，接触长度不宜小于 l0 mm。屏蔽层不应

用于受力的场合。

⑤对不同的屏蔽对绞线或屏蔽电缆，屏蔽层应采用不同的端接方法，应对编织层或金属箔与汇流导线进行有效的端接。

⑥每个 2 口 86 面板底盒宜终接 2 条对绞电缆或 1 根 2 芯 /4 芯光缆，不宜兼作过路盒使用。

3）光缆终接与接续应采用的方式。

①光纤与连接器件连接可采用尾纤熔接、现场研磨和机械连接方式。

②光纤与光纤接续可采用熔接和光连接子（机械）连接方式。

4）光缆芯线终接应符合的要求。

①采用光纤连接盘对光纤进行连接、保护，在连接盘中光纤的弯曲半径应符合安装工艺要求。

②光纤熔接处应加以保护和固定。

③光纤连接盘面板应有标志。

④光纤连接损耗值，应符合规定。

5）各类跳线终接规定。

①各类跳线缆和连接器件间接触应良好，接线无误，标志齐全。跳线选用类型应符合系统设计要求。

②各类跳线长度应符合设计要求。

（6）工程电气测试。

1）网络综合布线工程电气测试包括电缆系统电气性能测试及光纤系统性能测试。电缆系统电气性能测试项目应根据布线信道或链路的设计等级和布线系统的类别要求制定。各项测试结果应有详细记录，作为竣工资料的一部分。

2）对绞电缆及光纤布线系统的现场测试仪应符合下列要求。

①应能测试信道与链路的性能指标。

②应具有针对不同布线系统等级的相应精度，应考虑测试仪的功能、电源、使用方法等因素。

③测试仪精度应定期检测，每次现场测试前仪表厂家应出示测试仪的精度有效期限证明。

3）测试仪表应具有测试结果的保存功能并提供输出端口，将所有存储的测试数据输出至计算机和打印机，测试数据必须不被修改，并进行维护和文档管理。测试仪表应提供所有测试项目、概要和详细的报告。测试仪表宜提供汉化的通用人机界面。

（7）工程验收项目汇总。

1）工程竣工验收项目汇总。网络综合布线系统工程竣工验收项目及内容见表4-16，应按表中所列项目、内容进行检验与验收，检测结论作为工程竣工资料的组成部分及工程验收的依据之一。

2）工程合格判定。

①系统工程安装质量检查，各项指标符合设计要求，则被检项目检查结果为合格；被检项目的合格率为 100%，则工程安装质量判为合格。

②系统性能检测中，对绞电缆布线链路、光纤信道应全部检测，竣工验收需要抽

验时，抽样比例不低于10%，抽样点应包括最远布线点。

表 4-16　网络综合布线系统工程验收项目及内容

阶段	验收项目	验收内容	验收方式
施工前检查	1. 环境要求	（1）土建施工情况：地面、墙面、门、电源插座及接地装置；（2）土建工艺：机房面积、预留孔洞；（3）施工电源；（4）地板铺设；（5）建筑物入口设施检查	施工前检查
	2. 器材检验	（1）外观检查；（2）型式、规格、数量；（3）电缆及连接器件电气性能测试；（4）光纤及连接器件特性测试；（5）测试仪表和工具的检验	
	3. 安全、防火要求	（1）消防器材；（2）危险物的堆放；（3）预留孔洞防火措施	
设备安装	1. 管理间、设备间、设备机柜、机架	（1）规格、外观；（2）安装垂直、水平度；（3）油漆不得脱落，标志完整齐全；（4）各种螺钉必须紧固；（5）抗震加固措施；（6）接地措施	随工检验
	2. 配线模块及 8 位模块式通用插座	（1）规格、位置、质量；（2）各种螺钉必须拧紧；（3）标志齐全；（4）安装符合工艺要求；（5）屏蔽层可靠连接	
线缆终接	1. 8 位模块式通用插座	符合工艺要求	随工检验
	2. 光纤连接器件	符合工艺要求	
	3. 各类跳线	符合工艺要求	
	4. 配线模块	符合工艺要求	
系统测试	1. 工程电气性能测试	（1）连接图；（2）长度；（3）衰减；（4）近端串音；（5）近端串音功率和；（6）衰减串音比；（7）衰减串音比功率和；（8）等电平远端串音；（9）等电平远端串音功率和；（10）回波损耗；（11）传播时延；（12）传播时延偏差；（13）插入损耗；（14）直流环路电阻；（15）设计中特殊规定的测试内容；（16）屏蔽层的导通竣工检验	竣工检验
	2. 光纤特性测试	（1）衰减；（2）长度	
管理系统	1. 管理系统级别	符合设计要求	竣工检验
	2. 标识符与标签设置	（1）专用标识符类型及组成；（2）标签设置；（3）标签材质及色标	
	3. 记录和报告	（1）记录信息；（2）报告；（3）工程图纸	
工程总验收	1. 竣工技术文件	清点、交接技术文件	竣工检验
	2. 工程验收评价	考核工程质量，确认验收结果	

4. 管理系统验收

（1）综合布线管理系统宜满足下列要求。

1）管理系统级别的选择应符合设计要求。

2）需要管理的每个组成部分均设置标签，并由唯一的标识符进行表示，标识符与标签的设置应符合设计要求。

3）管理系统的记录文档应详细完整并汉化，包括每个标识符相关信息、记录、报告、图纸等。

4）不同级别的管理系统可采用通用电子表格、专用管理软件或电子配线设备等进行维护管理。

（2）综合布线管理系统的标识符与标签的设置应符合下列要求。

1）标识符应包括安装场地、线缆终端位置、线缆管道、水平链路、主干线缆、连接器件、接地等类型的专用标识，系统中每一组件应指定一个唯一标识符。

2）管理间、设备间、进线间所设置配线设备及信息点处均应设置标签。

3）每根线缆应指定专用标识符，标在线缆的护套上或在距每一端护套 300 mm 内设置标签，线缆的终接点应设置标签标记指定的专用标识符。

4）接地体和接地导线应指定专用标识符，标签应设置在靠近导线和接地体的连接处的明显部位。

5）根据设置的部位不同，可使用粘贴型、插入型或其他类型标签。标签表示内容应清晰，材质应符合工程应用环境要求，具有耐磨、抗恶劣环境、附着力强等性能。

6）终接色标应符合线缆的布放要求，线缆两端终接点的色标颜色应一致。

（3）综合布线管理系统各个组成部分的管理信息记录和报告，应包括如下内容。

1）记录应包括管道、线缆、连接器件及连接位置、接地等内容，各部分记录中应包括相应的标识符、类型、状态、位置等信息。

2）报告应包括管道、安装场地、线缆、接地系统等内容，各部分报告中应包括相应的记录。

（4）网络综合布线系统工程如采用布线工程管理软件和电子配线设备组成的系统进行管理和维护工作，应按专项系统工程进行验收。

网络综合布线系统工程安装质量检查，各项指标符合设计要求，被检项目检查结果百分之百合格，则工程安装质量为合格。

系统性能检测中，对绞电缆布线链路、光纤信道应全部检测，竣工验收需要抽验时，抽样比例不低于 10%，抽样点应包括最远布线点。系统性能检测中如果一个被测项目的技术参数测试结果不合格，则该项目判为不合格。

5. 竣工检测综合合格判定

全部检测时，对绞电缆布线出现不合格线对数量有一项超过被测总数的 1%，则判为不合格。对于光缆布线，如果系统中有一条光纤信道不合格，则判为不合格。

抽样检测时，被抽样检测点（线对）不合格比例不大于被测总数的 1%，则视为抽样检测通过，不合格点（线对）应予以修复并复检。被抽样检测点（线对）不合格比例如果大于1%，则视为一次抽样检测未通过，应进行加倍抽样，加倍抽样不合格比例不大于1%，则视为抽样检测通过。若不合格比例仍大于1%，则视为抽样检测不通过，应进行全部检测，并按全部检测要求进行判定。

6. 竣工技术文档

工程竣工后，施工单位应在工程验收以前，将工程竣工技术资料交给建设单位。

（1）竣工技术资料应包括如下内容。

1）安装工程量。

2）工程说明。

3）设备、器材明细表。

4）竣工图纸。

5）测试记录（宜采用中文表示）。

6）工程变更、检查记录及施工过程中，需更改设计或采取相关措施时，建设、设计、施工等单位之间的双方洽商记录。

7）随工验收记录。

8）隐蔽工程签证。

9）工程决算。

（2）竣工验收技术文件的主要要求。

1）竣工验收技术文件和相关资料应做到内容完整、条理清楚、数据准确、文件外观整洁、图表内容清晰，不应有互相矛盾、彼此脱节和错误遗漏等现象。

2）竣工验收技术文件通常为一式三份，如有多个单位需要，可适当增加份数。

◉ 项目实施

本项目需要在实训平台上模拟完成一条永久链路，使学生熟练永久链路的制作方法（表4-17）。

表4-17 复杂永久链路施工

操作步骤	操作内容	实现效果	事项
1	工具包括多功能压线钳、剪刀、打线器、十字螺钉旋具、电动工具		耗材有网线若干、配线架一个、信息插座模块、明装底盒、信息面板、水晶头若干
2	端接数据配线架		注意查看端接双绞线颜色的顺序

操作步骤	操作内容	实现效果	事项
3	使用多功能压线钳剥线		将双绞线的外绝缘护套剥去 3 cm 左右
4	使用剪刀将双绞线里面露出的纤维丝剪断		操作时要注意观察，千万不要剪到双绞线。注意安全，防止剪刀划到手
5	拆开 4 对绞线绕对，呈单根状态		注意观察颜色标识
6	将数据配线架的接口朝下，按照 T568B 的线序依次压接双绞线		本次端接顺序按照 T568B 线序
7	用打线器依次按顺序压接每一根双绞线		使用打线器压接线芯时刃口朝向剩余线头的方向

续表

操作步骤	操作内容	实现效果	事项
8	将抽出的双绞线穿回线管		要在壁挂式机柜内保留 80 cm 左右
9	利用十字螺钉旋具把数据配线架用螺钉直接固定在网络机柜的立柱上		在机柜内部安装配线架前，首先要进行设备位置规划或按照图纸规定确定位置，统一考虑机柜内部的跳线架、配线架、理线环、交换机等设备
10	在底盒中抽出双绞线		为了方便操作，在实训平台上进行
11	将双绞线从底盒中抽出，剪去多余的线，保留 10 cm 左右		将双绞线的外包皮剥去 2 cm 左右，这里为了方便操作，在实训平台上完成

续表

操作步骤	操作内容	实现效果	事项
12	使用剪刀将双绞线里面露出的纤维丝剪断		操作时要注意观察，千万不要剪到双绞线。注意安全，防止剪刀划到手
13	拆开 4 对绞线绕对，呈单根状态		注意观察颜色标识
14	本次端接顺序按照 T568B 线序，将线芯按色标放入网络模块中对应端接线槽刀口		在模块中尽量避免线对分开，要将多余的线拉出，保证模块后的线对呈双绞状态
15	使用打线器将每根线芯压入线槽，实现良好接触，在线芯卡接到位的同时，工具前端的刀口会将剩余线头切断		打线器刀口朝向剩余线头的方向。在操作的时候要注意打线的力度
16	将打好线的模块扣入信息面板（错误操作方法）		模块的方向不能安反，否则跳线无法插入模块

操作步骤	操作内容	实现效果	事项
17	将打好线的模块扣入信息面板（正确操作方法）		在操作的时候一定要观察好模块的方向
18	安装面板		在这里面要观察螺钉孔的位置和面板是否能对齐
19	用螺钉把面板固定在86盒上		在拧螺钉时，应注意调整面板的平衡，确保面板两底角的高差不超过2 mm。操作时要注意安全，防止电动螺钉旋具伤到手
20	盖上面板框盖		到此一条永久的复杂的链路制作完成
21	将一根跳线接到信息面板RJ45口上		注意观察水晶头卡扣的方向

续表

操作步骤	操作内容	实现效果	事项
22	将另一根跳线接到数据配线架上的RJ45接口上		需要拉到和信息面板对应的接口上
23	测试数据配线架端接是否成功		网络测试仪的各指示灯一一亮起，说明连接成功，即配线架端接成功。如果指示灯闪烁顺序不一致，说明连接顺序错误

总结与注意事项如下。

1. 保障每一次端接都不出现断路，因为这么多次的端接一旦出现问题，查找断点非常费时费力。

2. 在测试过程中一定要保持严谨认真，不能忽略任何细节，不能想当然。

3. 要灵活运用测试工具，严格按照网络综合布线系统测试的标准和流程，一丝不苟地开展每一个测试项目，并做好记录，对于出现的问题要及时整改

项目总结

网络综合布线系统工程管理是网络布线岗位的必修内容，工程项目的测试与验收是网络综合布线系统工程最终得以顺利交付使用的保证。通过本项目的学习，学生应该具备网络综合布线系统相关职业知识需求，能够更好地诠释岗位职责。

项目习题

一、填空题

1. 施工现场管理的基本要求主要包括：对_____环境进行管理、对_____环境的管理、对_____环境的管理、对于_____的管理。

2. 审查施工图设计的程序通常分为_____、_____两个阶段。

3. 一般由业主主持，由_____单位、_____单位和_____单位参加，四方

共同进行施工图设计的会审。

4.机房内施工电源割接时，应注意所使用工具的_____。

5.质量控制主要表现为_____、_____的质量控制。

6.控制的内容包括_____控制和_____控制。

7.敷设水平布线主要是敷设_____。

8.正式开工后，工程开工报告由_____负责保存待查。

9.施工过程中无论出现何种事故，都应由项目_____根据初步情况填报"事故报告"。

10._____作业是一项危险性较大的作业项目，容易造成人员、物体坠落。

11.建设工程的概预算是对工程造价进行控制的主要依据，它包括_____和_____预算。

12.概算是筹备_____、_____和签订_____的主要依据。

13._____是工程价款结算的主要依据。

14.工程量计算是确定安装工程直接费用的_____，是编制单位、单项工程造价的_____。

15.IT行业的预算设计方式中，取费的主要内容一般由_____、_____、_____、_____、_____等组成。

16.工程量应以安装就位的净值为准，用料_____不能作为工程量。

17._____是施工过程中用简单的测试仪进行的验证测试。

18.竣工测试分为_____和_____。

19._____一般是指从配线架上的跳线插座算起，到工作区墙面板插座位置，对这段链路进行的_____性能测试。测试的对象有_____和_____。

20.光纤的现场工程测试分为_____测试和_____测试。

21.光纤与连接器件连接可采用_____、_____和_____连接方式。

二、单项选择题

1.在架空活动地板下敷设线缆时，地板内净空应为（　　）mm。

A.150～350　　　　　B.200～300　　　　　C.150～400　　　　　D.150～300

2.若空调采用下送风方式，则地板内净高应为（　　）mm。

A.300～500　　　　　B.320～500　　　　　C.300～600　　　　　D.320～450

3.主线槽的宽度宜为（　　）mm。

A.200～300　　　　　B.200～400　　　　　C.200～500　　　　　D.300～400

4.支线槽宽度不宜小于（　　）mm。

A.50　　　　　　　　B.60　　　　　　　　C.80　　　　　　　　D.70

5.线缆桥架水平敷设时，支撑间距宜为（　　）m。

A.1.5～4　　　　　　B.1.6～3　　　　　　C.1.5～3　　　　　　D.1～3

6.直线布管每（　　）m处应设置过线盒装置。

A.40　　　　　　　　B.15　　　　　　　　C.20　　　　　　　　D.30

7. 机柜、机架安装位置应符合设计要求，垂直偏差度不应大于（ ）mm。

A. 3   B. 4   C. 5   D. 6

8. 桥架及线槽水平度每米偏差不应超过（ ）mm。

A. 1   B. 4   C. 5   D. 2

9. 垂直桥架及线槽应与地面保持垂直，垂直度偏差不应超过（ ）mm。

A. 4   B. 5   C. 6   D. 3

10. 预埋在墙体中间暗管的最大管外径不宜超过（ ）mm。

A. 50   B. 60   C. 70   D. 80

项目五

网络综合布线系统
工程招标投标

项目描述

　　工程项目招标投标的目的是在建设市场中引入竞争机制，也是国际上采用较为完善的工程项目承包方式。工程招标投标通常是投资建设网络综合布线系统的单位（一般指招标人），通过招标公告或投标邀请书等形式邀请具备承担招标项目能力的系统集成施工单位（一般指投标人）投标，最后选择其中对招标人最有利的投标人进行工程总承包的一种经济行为。

项目目标

　　1.了解网络综合布线系统工程的招标投标的概念，掌握招标投标相关流程。
　　2.能够编写招标文件、投标文件。
　　3.培养学生的法律意识和良好的道德品质，使学生牢固树立正确的世界观、人生观、价值观、权利观。

项目任务

　　本项目通过学习网络综合布线系统工程招标投标的基本概念和招标案例，进一步完成招标投标文档的编制与撰写。

项目知识储备

网络综合布线系统
工程招投标

一、工程项目招标

1.招标

　　工程招标通常是指需要投资建设的单位，通过招标公告或投标邀请书等形式邀请具备承担招标项目能力的系统集成施工单位进行投标，最后选择其中对招标人最有利的投标人进行工程总承包的一种经济行为。工程招标也可以委托工程招标代理机构进行。

2.招标人

　　招标人是指提出招标项目，进行招标的法人或者其他组织。

3.招标代理机构

　　招标代理机构是指依法设立、从事招标代理业务并提供相关服务的社会中介组织。

4.招标文件

　　招标文件一般由招标人或者招标代理机构根据招标项目的特点和需要进行

编制。

5.招标方式

（1）公开招标。公开招标，是政府采购的主要采购方式，是指采购人按照法定程序，通过发布招标公告，邀请所有潜在的不特定的供应商参加投标，采购人通过某种事先确定的标准，从所有投标供应商中择优评选出中标供应商，并与之签订政府采购合同的一种采购方式。

（2）竞争性谈判。竞争性谈判，是指招标人或招标代理机构以投标邀请书的方式邀请3家以上特定的法人或者其他组织直接进行合同谈判。一般在用户有紧急需要，或者由于技术复杂而不能规定详细规格和具体要求时采用。

（3）询价采购。询价采购，也称"货比三家"，是指招标人或招标代理机构以询价通知书的方式邀请3家以上特定的法人或者其他组织进行报价，通过对报价进行比较来确定中标人。询价采购是一种简单快速的采购方式，一般在采购货物的规格、标准统一、货源充足且价格变化幅度小时采用。

（4）单一来源采购。单一来源采购，是指招标人或招标代理机构以单一来源采购邀请函的方式邀请生产、销售垄断性产品的法人或其他组织直接进行价格谈判。单一来源采购是一种非竞争性采购，一般适用于独家生产经营、无法形成比较和竞争的产品。

6.招标程序

（1）发布招标公告或投标邀请书。

（2）开标。开标应当在招标文件预先确定的时间和地点公开进行，由招标人主持，邀请所有投标人参加。开标时，由投标人或者其推选的代表检查投标文件的密封情况，也可以由招标人委托的公证机构检查并公证；经确认无误后，由工作人员当众拆封，宣读投标人名称、投标价格和投标文件的其他主要内容。开标过程应当记录，并存档备查。

（3）评标。评标由招标人依法组建的评标委员会在严格保密的情况下进行。评标委员会由招标人的代表和有关技术、经济等方面的专家组成，成员人数为5人以上的单数，其中技术、经济等方面的专家不得少于成员总数的三分之二。

（4）定标。中标人确定后，招标人应当向中标人发出中标通知书，同时将中标结果通知所有未中标的投标人。中标通知书对招标人和中标人具有法律效力。中标通知书发出后，招标人改变中标结果的或者中标人放弃中标项目的，应当依法承担法律责任。

（5）签订合同。招标人和中标人应当自中标通知书发出之日起30日内，按照招标文件和中标人的投标文件订立书面合同。同时，招标人应当自确定中标人之日起15日内，向有关行政监督部门提交招标投标情况的书面报告。

二、工程项目投标

（一）投标

网络综合布线系统工程投标通常是指系统集成施工单位（一般称为投标人）在获

得了招标人工程建设项目的招标信息后，通过分析招标文件，迅速而有针对性地编写投标文件，参与竞标的一种经济行为。

（二）投标人及其资格

投标人是响应招标、参加投标竞争的法人或者其他组织。

两个以上法人或者其他组织可以组成一个联合体，以一个投标人的身份共同投标。

（三）分析工程项目招标文件

招标文件是编制投标文件的主要依据，投标人必须对招标文件进行仔细研究。

（四）编制项目投标文件

投标人应当按照招标文件的要求编制投标文件，并对招标文件提出的实质性要求和条件做出响应。

投标文件的编制主要包括投标文件的组成，投标文件的格式，投标文件的数量，投标文件的递交，投标文件的补充、修改和撤回。

工程项目投标报价主要包括三个方面，分别是工程项目造价的估算、工程项目投标报价的依据和工程项目投标报价的内容。

（五）评标

（1）项目评标组织。评标工作是招标投标中的重要环节，由招标办、业主、建设单位的上级主管部门、建设单位的财务、审计部门及有关技术专家共同参加，一般由采购部门在预先建立的专家库中抽取 5～7 名行业专家。评标组织应在评审前编制评标办法，按招标文件中所规定的各项标准确定商务标准和技术标准。

（2）商务标准是指技术标准以外的全部招标要素，如投标人须知、合同条款所要求的格式，特别是招标文件要求的投标保证金、资格文件、报价、交货期等。

（3）技术标准是指招标文件中技术部分所规定的技术要求、设备或材料的名称、型号、主要技术参数、数量和单位，以及质量保证、技术服务等。

项目评标标准见表 5-1、表 5-2。

表 5-1 项目评标标准 1（参考）

序号	投标单位	技术方案	产品			报价	施工		资质	业绩	培训	售后服务	总分
			指标	可靠性	品牌		措施	计划					
		25	5	5	5	30	5	5	5	5	5	5	100

表 5-2 项目评标标准 2（参考）

评标项目	评标细则	得分	评标项目	评标细则	得分
投标报价（45）	报价（40）		工程业绩和项目经理（15）	近 3 年完成的重大工程（3）	
	产品品牌、性能、质量（5）			管理能力和水平（3）	
设计方案（15）	方案的先进性、合理性、扩展性（5）			近 3 年工程获奖情况（2）	
	图纸的合理性（3）			项目经理技术答辩（5）	
	系统设计的合理性、科学性（4）			项目经理业绩（2）	
	设备选型合理性（3）		质量工期保障措施（5）	工期满足标书要求（2）	
施工组织计划（10）	施工技术措施（2）			质量工期保证措施（3）	
	先进技术应用（2）		履行合同能力（5）	注册资本（1）	
	现场管理（2）			ISO 9000\14000 等认证（2）	
	施工计划优化及可行性（4）			重合同守信誉及银行资信证明（2）	
			优惠条件（2）	有实质性优惠条件（2）	
			售后服务承诺（3）	本地有服务部门（2）	
				客户评价良好（1）	
			总分（100）		

确定中标单位后，公开发布中标通知。中标单位得到通知后到采购部门领取中标通知书，持中标通知书与项目建设单位签订合同，然后开始网络综合布线系统工程实施。

（六）合同条款

合同条款见表 5-3。

表 5-3 合同条款（参考）

序号	合同条款约束范围	功能描述	条款具体内容
1	合同主要用语的定义； 定标及履约； 确定中标单位后，公开发布中标通知。中标单位得到通知后到采购部门领取中标通知书，持中标通知书与项目建设单位签订合同，开始网络综合布线系统工程实施	对合同中使用的主要用语和常用语予以专门定义；对相关合同文件进行通用性解释和一般性说明	1. 一般约定
2	合同双方的责任、权利和义务	约定合同双方的责任、权利和义务	2. 发包人义务
			3. 监理人
			4. 承包人

续表

序号	合同条款约束范围	功能描述	条款具体内容
3	合同双方的施工资源投入	列出双方投入施工资源的责任及其具体操作内容	5. 材料和工程设备
			6. 施工设备和临时设施
			7. 交通运输
			8. 测量放线
			9. 施工安全、治安保卫和环境保护
4	工程进度控制	列出双方对工程进度控制的责任及其具体操作内容	10. 进度计划
			11. 开工和竣工
			12. 暂停施工
5	工程质量控制	列出双方对工程质量控制的责任及其具体操作内容	13. 工程质量
			14. 试验和检验
6	工程投资控制	列出双方对工程投资控制的责任及其具体操作内容	15. 变更
			16. 价格调整
			17. 计量和支付
7	验收和保修	列出双方对工程竣工验收、缺陷修复、保修的责任及其具体操作内容	18. 竣工验收
			19. 缺陷修复与保修的责任
8	工程风险、违约和索赔	列出双方对工程风险、违约和索赔的责任及其具体操作内容	20. 保险
			21. 不可抗力
			22. 违约
			23. 索赔
			24. 争议的解决

（七）常用合同格式

（1）中标通知书应由发包人在确定中标人后，按"施工招标文件"确定的格式拟订。

（2）投标函及投标函附录中包含合同双方在合同中相互承诺的条件，应附入合同文件。

（3）专用合同条款和通用合同条款是整个施工合同中最重要的合同文件，它根据合同法的公平原则，约定了合同双方在履行合同全过程中的工作规则。各行业自行约定的行业规则不能违背本通用合同条款已约定的通用规则。

（4）"技术标准和要求"的内容是施工合同中根据工程的安全、质量和进度目标，约定合同双方应遵守的技术标准的内容和要求，技术标准中的强制性规定必须严格遵守。

（5）"图纸"是施工合同中为实施工程施工的全部工程图纸和有关文件。

（6）已标价的工程量清单是投标人在投标阶段的报价承诺，在合同实施阶段用于发包人支付合同价款，在工程完工后用于合同双方结清合同价款的依据。

（7）"其他合同文件"是合同双方约定需要进入合同的其他文件。

三、网络综合布线系统工程招标书的编制案例

（一）编制网络综合布线系统工程招标书（格式）

1. 招标条件

本招标项目"**公司办公楼基础布线项目"已经主管部门批准建设，招标人（项目业主）为***有限公司，建设资金为企业自有资产。该项目已具备招标条件，现对该项目的采购及施工进行国内公开招标。

2. 项目概况与招标范围

2.1 项目名称：**公司行政办公楼综合布线系统采购及施工。

2.2 建设地点：**公司。

2.3 项目概况。

（1）行政办公楼概况：该办公楼位于公司中部，办公楼楼平面呈长方形布置，办公楼共计 9 层，楼长 60 m，楼宽 25 m。办公楼建筑面积约为 1.35 万 m^2。

（2）信息中心（ITC 大楼）概况：ITC 大楼位于行政办公楼东侧，本工程地上 4 层，总建筑面积约为 3 000 m^2。

（3）工作区概况：配套工作区主要包括新建行政办公楼内的各行政部门办公室、会客室、会议室、水吧、综合物资仓库、各种业务洽谈用房等工程。

2.4 招标范围。

（1）网络综合布线系统工程施工：主要包括行政办公楼网络综合布线系统设计和施工。

（2）ITC 大楼弱电系统施工：主要包括综合布线、内线电话、机房工程等，ITC 大楼内的安防监控和楼宇自控已经建完，需将新建行政办公楼布线接入信息中心。

（3）机房工程系统施工包括：行政办公楼内核心机房、二级机房等弱电机房内的装修、配电、照明、机柜、机房环境、UPS 电源、机房精密空调等的安装施工。主要工作为上述范围内的系统施工图深化设计、设备的设计选型、设备及材料采购、工厂检验、运输、仓储、安装、调试及初验、试运行、培训、最终验收及售后服务等，并按上述顺序向最终用户移交所需的资料。

3. 投标人资格要求

3.1 投标人须具有独立法人资格、有效的营业执照及安全生产许可证。

3.2 具有建设行政主管部门颁发的建筑智能化工程专业承包一级资质或建筑智能

化工程设计与施工一体化一级资质。

3.3 投标人近 5 年内完成过类似综合布线工程项目。

3.4 本次招标不接受联合体投标。

4. 投标报名

4.1 请投标人于 20×× 年 × 月 × 日至 20×× 年 × 月 × 日（法定公休日、法定节假日除外），每日 9:00 至 11:30，14:30 至 17:30 报名。

4.2 报名携带资料。

（1）法定代表人授权委托书、被授权委托人身份证。

（2）企业营业执照（副本）、企业资质证书（副本）、近 6 个月的缴税凭证和社保缴费凭证。

（3）企业及项目经理类似项目业绩证明材料，指合同协议书和工程竣工验收证书（如合同协议书和工程竣工验收证书无法体现具体要求，应开具加盖业主单位公章的业主证明文件，证明文件内容至少应包括建设项目名称、规模、投标人的施工内容、项目经理，如不明确，该业绩不予认可）。

5. 报名单位资格要求

5.1 资质要求。

（1）独立企业法人，持有效营业执照的企业；

（2）投标人须具备系统集成二级及以上资质。

5.2 报名材料。

（1）法人营业执照（副本复印件，加盖单位公章，具有有效年检证明）；

（2）税务登记证书（复印件，加盖单位公章）；

（3）法定代表人授权书（原件，法定代表人和被授权人签字）；

（4）参加本次工程（采购）前 3 年内，本公司在经营活动中没有重大违法记录的声明（原件，法定代表人或被授权人签字）；

（5）企业简介及投标人可提交能够说明企业实力的其他资料。

6. 现场踏勘

踏勘时间：20×× 年 × 月 × 日。

7. 报名时间、地点及联系人

（1）报名日期为 20×× 年 × 月 × 日至 × 月 × 日（9:00 至 17:00）。

（2）联系人：

王老师，电话：　　　　　邮箱：

赵老师，电话：　　　　　邮箱：

地址：××× 综合楼 121 室。

8. 开标时间、地点

（1）开标时间为 20×× 年 × 月 × 日 9:00。

（2）开标地点另行通知。

（二）编制网络综合布线系统工程项目的投标文件（格式）

投标文件

项目编号：

项目名称：

投标单位：

联系电话：

目　录

一、资格、资质证明文件

1. 报价函

遂宁市川教采购中心：

经研究，我们决定参加项目编号为 ACZ01011 的遂宁市游戏世界电脑、硬件等采购项目并提交报价文件。为此，我方郑重声明以下诸点，并负法律责任。

1. 我方提交的报价文件，正本一份，副本四份。

2. 如果我们的报价文件被接受，我们将履行竞争性谈判采购文件中规定的每一项要求，并按我们报价文件中的承诺按期、按质完成项目的实施。

3. 我们理解，最低报价不是成交的唯一条件，你们有选择成交供应商的权力。

4. 我方愿按《中华人民共和国合同法》履行自己的全部责任。

5. 我们同意按文件规定交纳保证金，遵守贵机构对本项目所做的有关规定。

6. 我方的报价文件自提交之日起有效期为 60 个工作日。

7. 我方若未成为成交供应商，贵机构有权不做任何解释。

8. 与本报价有关的一切正式往来通讯请寄：

地址：

邮政编码：

电话：

传真：

开户单位：游戏世界

开户银行：

账号：

供应商代表姓名职务：

供应商单位全称（印章）游戏世界

法定代表人签字：

2. 企业简介

游戏世界是由遂宁市计算机技术服务公司（1988 年创立）改制而来，专门致力于计算机软件的开发、系统集成、技术服务、推广应用和人员培训于一体的高科技企业。本公司现有员工 50 余人，下设系统集成部、工程部、税控部软件部市场部和客户服务部，是遂宁市最具实力的 IT 设备供应商与系统方案提供商之一。

游戏世界经过多年的发展，凝聚了一批高素质的专业技术人才，拥有工业和信息化部颁发的系统集成三级资质认证，拥有山东省建设厅颁发的建筑智能化施工与设计证书，并通过了 ISO9000 认证。用户涉及政府、教育、文化、公检法、税务、金融、制造业等多个领域。同时，游戏世界还是惠普、IEM、康普、戴尔、H3C、浪潮、天融信、联想、方正、神州数码、用友、中软、金山等多家著名公司的地区代理和合作伙伴。

游戏世界凭借丰富的产品服务经验、优秀的技术团队、完善的服务网络以及与众多领先技术厂商的紧密合作，为用户提供规范化、个性化、专业化的服务，成为业内公认的可信赖的团队，从而为客户提供高质量的服务，满足客户在规模、效率、质量、专业能力等方面的要求，帮助客户勾画并实现技术驱动的商业变更和创新。

本公司继续秉承积极务实的精神，我们始终坚持"真诚服务、追求卓越"的企业理念，不断努力，不断创新。我们的信念就是以自己的才智和热情为遂宁市的信息化建设作出更大贡献，创造巨大的社会价值。

3. 营业执照

4. 税务登记证

5. 法定代表人授权委托书

遂宁市政府采购中心：

我_____系_____法定代表人，现授权委托我公司的_____为我单位此次参与贵单位举办的遂宁市游戏世界电脑、硬件采购项目竞争性谈判的全权代表，全权代表在参加该项目过程中所签署的一切文件和处理与之有关的一切事务，我均予以承认。

全权代表无转委托权。特此委托。

全权代表姓名：   性别：   年龄：

单位：   部门：   职务：

供应商名称（公章）：电

法定代表人签字：

6. 授权书

7. 其他资质证明文件

二、报价表

报价一览表

供应商：（盖章）游戏世界　　　　　　供应商全权代表：（签字）

项目编号：0101:1　　　　　　　　　　单位：元

项目名称		合计报价	备注
遂宁市游戏世界电脑、硬件采购项目	大写：	人民币：＿＿＿＿＿＿＿＿＿＿＿	
	小写：	¥：＿＿＿＿＿＿＿＿＿＿＿	

三、技术文件

1. 设备配置明细表

项目编号：

序号	产品名称	配置参数	单位	数量	产品单价	产品总价	交货间工作日
1	处理器	英特尔酷睿，Advanced Micro Devices（AMD）Ryzen	个	1			
2	显示卡	卡英伟达 GTX，Advanced Micro Devices（AMD）Radeon	个	1			一致
3	内存条	DDR4 8G 内存以上	个	1			一致
4	硬盘	1 TB 机械硬盘或者 128 GB 固态硬盘	个	1			一致
5	电源	功率 300 W 以上	个	1			一致
6	主板	B85，B299	个	1			一致
7	机箱	爱国者或其他	个	1			一致
8	显示器	21 寸液晶显示屏，1080 P，60 Hz 以上	台	1			一致
9	鼠标	无限制	个				一致
10	机械键盘	无限制	个				一致
全部报价产品总金额：＿＿＿＿＿＿人民币（大写）　　　　　¥：＿＿＿＿＿＿							

报价单位：游戏世界　　　　　　　法人授权代表：　　　　　（签字）

（三）单一来源采购文件案例

辽宁省政府采购项目

单一来源

采购文件

项目名称：××××学院中国教育和科研计算机网带宽
　　　　　扩容服务采购项目

项目编号：JH22-210×××-22678

编制单位：大连××××有限公司

目　录

××××学院中国教育和科研计算机网带宽扩容服务采购项目采购邀请函

项目概况

大连××工程造价咨询事务所有限公司受××××学院委托，对××××学院（项目编号：JH22-210000-×××××××）在中华人民共和国境内单一来源采购，现邀请合格的供应商参加本次政府采购活动。

一、项目基本情况

项目编号：JH22-210000-×××××

项目名称：××××学院中国教育和科研计算机网带宽扩容服务采购项目

采购方式：单一来源

预算金额：人民币 720 000 元

最高限价金额：人民币 720 000 元

采购需求：中国教育和科研计算机网带宽扩容服务（具体内容详见服务需求）

合同履行期限：自签订合同之日起一年（在招标人落实下一年度财政预算的前提下，且本项目内容及服务要求不变、价格不变，双方协商同意，可依据本次招标结果所签订的合同顺延一年，最多续签两年）。

需落实的政府采购政策内容：无。

本项目（是/否）接受联合体：否。

二、供应商的资格要求

1.满足《中华人民共和国政府采购法》第二十二条规定。

2.落实政府采购政策需满足的资格要求：无。

3.本项目的特定资格要求：

截至 2022 年 06 月 24 日 9 时 30 分，经"信用中国"网站（www.creditchina.gov.cn）、"信用中国（辽宁）"网站（www.xyln.net）失信黑名单、"信用大连"（credit.dl.cn）大连市重大税收违法案件信息公示平台、"中国政府采购网"网站（www.ccgp.gov.cn）政府采购严重违法失信行为信息记录，被列入失信被执行人、重大税收违法案件当事人名单、政府采购严重违法失信行为记录名单的不得参加本采购项目。

三、政府采购供应商入库须知

参加辽宁省政府采购活动的供应商未进入辽宁省政府采购供应商库的，请详阅辽宁政府采购网"首页—政策法规"中公布的"政府采购供应商入库"的相关规定，及时办理入库登记手续。填写单位名称、统一社会信用代码和联系人等简要信息，由系统自动开通账号后，即可参与政府采购活动。具体规定详见《关于进一步优化辽宁省政府采购供应商入库程序的通知》（辽财采函〔2020〕198号）。

四、获取采购文件

时间：2022年06月17日至2022年06月23日，每天<u>09:00</u>至<u>11:30</u>，<u>13:00</u>至<u>16:00</u>（北京时间，法定节假日除外）

地点：辽宁政府采购网

方式：在线下载

售价：免费

五、响应文件提交

截止时间：<u>2022年06月24日9时30分</u>（北京时间）

地点：<u>辽宁政府采购网线上提交电子投标文件</u>

六、开启

时间：<u>2022年06月24日9时30分</u>（北京时间）

地点：大连市公共行政服务中心七楼评标室（地址：大连市甘井子区东北北路101号）

七、质疑与投诉

供应商认为自己的权益受到损害的，可以在知道或者应知其权益受到损害之日起7个工作日内，向采购代理机构或采购人提出质疑。

1. 接收质疑函方式：书面纸质质疑函。

2. 质疑函内容、格式：应符合《政府采购质疑和投诉办法》相关规定和财政部制定的《政府采购质疑函范本》格式，详见辽宁政府采购网。

质疑供应商对采购人、采购代理机构的答复不满意，或者采购人、采购代理机构未在规定时间内做出答复的，可以在答复期满后15个工作日内向本级财政部门提起投诉。

八、其他补充事宜

1. 因目前全省推广政府采购电子招标投标业务，供应商需自行办理政府采购CA数字证书并学习电子投标文件制作教程，系统操作问题请咨询技术支持电话（4009039632），CA办理问题请咨询CA认证机构。CA办理成功的供应商须在网上进行投标报名，如未报名将不允许参与本项目投标，报名成功后用CA操作网上电子投标等相关事宜（包括在电子投标环节填写报价、上传文件等），操作教学详见辽宁政府采购网，未按视频教学操作将导致废标。各供应商应于递交投标（响应）文件截止时间时（2022年12月15日9时30分）自行解密投标（响应）文件，如到时未进行解密或解密失败将视为未提交投标（响应）文件。供应商原因造成电子投标（响应）文件无法上传或无法按时解密或无法最终报价的按无效投标处理。

2.谈判现场，供应商须携带 CA 锁及可以登录辽宁政府采购网并成功进入账号的笔记本电脑自行进行解锁及最终报价。

3.供应商除在辽宁政府采购网电子评审系统上传投标文件外，应在 2022 年 12 月 15 日 9:30 前将按采购文件规定的以介质形式（U 盘）存储的备份投标文件邮寄或送达大连××××有限公司，不接受到付邮件，并承诺备份投标文件与电子评审系统中上传的投标文件内容、格式一致，以备系统突发故障使用。如未递交备份文件而遇到系统突发故障时，投标人因无备份文件导致评审无法继续的按照无效投标文件处理，投标人仅提交备份文件的而没有进行网上递交的投标文件的，投标（响应）无效。关于具体的备份文件的格式、存储、密封要求详见招标文件。供应商仅提交备份投标文件的，投标无效。

4.由于疫情原因，依据大连市公共资源交易中心 2022 年 11 月 11 日下发的《关于疫情防控期间实行线上"不见面"开、询标的通知》，本项目调整为不见面开标，各供应商须在投标文件的"格式 5 法定代表人（或非法人组织负责人）授权委托书"中明确本项目的项目联系人及联系电话（建议包含手机及座机号码），并注意电话来电，以便重要事宜的通知。若因联系电话错误、关机、无法接通等无法联系到供应商，供应商自行承担相应后果。

九、联系方式

凡对本次采购提出询问，请按以下方式联系。

1.采购人信息
名称：××××学院
地址：大连市金州区金港路 288 号
联系人：孙老师
联系方式：0411-66864×××

2.采购代理机构信息
名称：大连××××有限公司
地址：大连市
联系方式：0411-8495××××
开户行：中国建设银行股份有限公司大连周水子支行
账户名称：大连××××有限公司
账号：2120150030005300××××

3.项目联系方式
项目联系人：毕××、郑××
电话：0411-849×××××

第一章 供应商须知

一、供应商须知表

条款号	项目	内容
1.1	采购人	名　称：××××学院 地　址：大连市××××××8号 联系人：孙老师 电　话：0411-668×××××
1.2	采购代理机构	名　称：大连××××有限公司 地　址：大连××××××805 联系人：毕××、郑×× 电　话：0411-8495××××
1.3.4	合格供应商还要满足的其他资格条件	截至2022年06月24日9时30分，经"信用中国"网站（www.creditchina.gov.cn）、"信用中国（辽宁）"网站（www.xyln.net）失信黑名单、"信用大连"（credit.dl.cn）大连市重大税收违法案件信息公示平台、"中国政府采购网"网站（www.ccgp.gov.cn）政府采购严重违法失信行为信息记录，被列入失信被执行人、重大税收违法案件当事人名单、政府采购严重违法失信行为记录名单的不得参加本采购项目
1.3.5	是否专门面向中小企业采购	□ 是 ☑ 否
1.3.6	是否有政府强制采购的节能产品	□ 有，具体产品为_____ ☑ 没有
1.4	是否允许联合体参加政府采购活动	□ 是 ☑ 否
1.4.8	联合体的其他资格要求	无
2.2	项目预算金额、最高限价	预算金额：人民币720 000元 最高限价金额：人民币720 000元
4	计量单位	☑ 中华人民共和国法定计量单位 □ 其他：
6.1	现场考察、谈判前答疑会	☑ 不组织 □ 组织，时　间：_____ 　　　　　地　点：_____ 　　　　　联系人：_____ 　　　　　电　话：_____ □ 组织，采购文件提供期限截止后以书面形式通知

条款号	项目	内容
11.3	样品或演示	☑ 不需要提供样品 ☐ 需要提供样品 1. 递交样品的截止时间：__年__月__日__时（北京时间） 　递交样品地点：_____ 　递交样品联系人：_____ 　递交样品联系电话：_____ 2. 样品制作的标准和要求：_____ 3. 随样品提交相关检测报告要求：_____ 　（包含是否要求提供、检测机构要求、检测内容等） 4. 样品的封存及退回：成交供应商的样品将由采购人进行保管、封存，并作为履约验收的参考。未成交的供应商提供的样品，应当由采购人进行保管、封存，成交结果公告之日起7个工作日后，由未成交候选供应商自行领回或经未成交供应商同意后自行处理。 ☑ 不需要提供演示 ☐ 需要提供演示 1. 演示时间：_____ 　演示地点：_____ 　演示顺序：_____ 2. 演示要求：_____（内容、设备等要求）
12.1	响应报价货币要求	☑ 所有响应文件中均按 人民币 货币进行报价。 ☐ 其他：
13.1	谈判保证金	1. 谈判保证金金额：本项目不收取谈判保证金 2. 谈判保证金到账时间：递交响应文件截止时间前 3. 谈判保证金缴纳方式：☐保函 ☐支票 ☐电汇 ☐其他： 　保证金收款人银行信息： 　　开户名： 　　开户行： 　　账　号： 4. 保证金退还方式： 5. 保证金退还咨询电话： 6. 其他： 无 （注：财政部门鼓励采用保函的方式递交谈判保证金，具体办理流程参阅辽宁政府采购网）
15.1	响应有效期	90 日历日
16.1	备份响应文件份数	备份响应文件__份（U盘介质，文件内容格式与电子评审系统中上传的投标（响应）文件内容、格式一致，按采购文件要求签字、盖章） 注：供应商除在电子评审系统上传投标（响应）文件外，应在递交投标（响应）文件截止时间前提交以介质形式（U盘）存储的可加密备份文件，并承诺备份文件与电子评审系统中上传的投标（响应）文件内容、格式一致，备系统突发故障使用。供应商仅提交备份文件的，投标（响应）无效。供应商上传的投标（响应）文件正常解密的且采购活动正常进行的，备份文件自动失效。供应商在中标、成交通知书发出前与采购代理机构联系退还未使用的密封备份文件

续表

条款号	项目	内容
18.1	递交响应文件截止时间、地点	详见采购公告，以采购公告规定时间、地点为准
20.1	谈判会议时间、地点	详见采购公告，以采购公告规定时间、地点为准
21.2	谈判小组组成	谈判小组由采购人代表<u>1</u>人，评审专家<u>2</u>人组成，共<u>3</u>人
24.1	样品的评审办法以及评审标准 演示的评审办法及评审标准	□样品： 1. 样品评审办法：　　无　　 2. 样品评审标准：　　无　　 □演示： 1. 演示评审办法：　　无　　 2. 演示评审标准：　　无
29.1	评审办法	最低评标价法
31.2	推荐成交候选供应商的数量	<u>　1 名　</u>
34	确定成交供应商的方式	成交供应商数量：1 名 ☑采购人委托谈判小组直接确定成交供应商 □采购人确定成交供应商
38.1	履约保证金	☑本项目不收取履约保证金 □本项目收取履约保证金 履约保证金金额：＿＿＿＿＿＿ 履约保证金递交时间：＿＿＿＿ 履约保证金递交方式：□保函　□支票　□电汇 账户信息： 　开户名：＿＿＿＿ 　开户行：＿＿＿＿ 　账　号：＿＿＿＿ 履约保证金退还时间及规定：＿＿＿ （注：财政部门鼓励采用保函的方式递交履约保证金，具体办理流程参阅辽宁政府采购网）
39	采购代理服务费	□本项目不收取采购代理服务费 ☑本项目收取采购代理服务费 本项目采购代理服务费由<u>成交供应商</u>向采购代理机构予以支付。

中标金额/万元 ＼ 招类别 费率/%	货物招标	服务招标	工程招标
100 以下	1.5	1.5	1.0
100～500	1.1	0.8	0.7
500～1 000	0.8	0.45	0.55
1 000～5 000	0.5	0.25	0.35

续表

条款号	项目	内容
39	采购代理服务费	注：招标代理服务收费按差额定率累进法计算。例如：某货物招标代理业务中标金额为 100 000 万元，计算招标代理服务收费额如下： 100 万元×1.5％=1.5 万元 （500-100）万元×1.1％=4.4 万元 （1 000-500）万元×0.8％=4 万元 （5 000-1 000）万元×0.5％=20 万元 （10 000-5 000）万元×0.25％=12.5 万元 （100 000-10 000）万元×0.05％=45 万元 合计收费=1.5+4.4+4+20+12.5+45=87.4（万元） 支付标准：按服务招标标准的 70％ 支付形式：电汇 注：转账支付代理服务费请汇至"户名：大连××××造价咨询事务所有限公司；开户行：中国建设银行股份有限公司大连周水子支行；账号：212015003××××××××××× 支付时间：中标人应在收到采购代理机构的通知后三（3）天内将中标服务费一次性付清，并领取中标通知书
42.3	质疑	一、供应商认为自己的权益受到损害的，可以在知道或者应知其权益受到损害之日起 7 个工作日内，向采购代理机构提出质疑。 1. 接收质疑函的方式：接收加盖单位公章的书面质疑函 联系单位：大连××××造价咨询事务所有限公司 联系人：毕×× 联系电话：0411-8495×××× 通信地址：大连市甘井子区汇利街红星国际广场 3 号楼 805 2. 质疑函的内容、格式：应符合《政府采购质疑和投诉办法》相关规定和财政部门制定的《政府采购质疑函范本》格式。 二、供应商应在法定质疑期内一次性针对同一采购程序环节提出质疑，否则针对再次提出质疑将不予接收。（采购程序环节分为：采购公告、采购文件、采购过程、成交结果）
		注： 1. 本项目采用电子评标。 2. 网上谈判，供应商使用 CA 锁登录辽宁政府采购网自行进行解锁及最终报价。 ★3. 供应商原因造成电子投标（响应）文件无法上传或无法按时解密或无法最终报价的按无效投标处理。 ★4. 供应商在电子评审活动中出现以下情形的，应按如下规定进行处理： （1）供应商原因造成投标文件未解密的； （2）供应商自用设备原因造成未在规定时间内解密、上传文件或投标（响应）报价等问题影响电子评审的； （3）因供应商原因未对文件校验造成信息缺失、文件内容或格式不正确以及备份文件不符合要求等问题影响评审。 出现上述（1）（2）情形的，视为放弃投标（响应）；出现上述（3）情形的，由供应商自行承担相应责任

注：表格中"☑"项或"■"项为被选中项。

项目实施

结合招标文件要求，编制"辽阳市文化旅游和广播电视局东京陵安防升级改造工程采购项目"投标文件。（附投标文件原文链接）

项目总结

本项目可以为学生未来从事招标投标的编制工作打好基础，通过案例的解读，能够更好地树立法律意识，坚定制度自信、职业自信，体现大国担当的优秀品质。

项目习题

填空题

1. 由施工单位提前_____提出书面的工程项目竣工验收申请报告，并签证齐全。

2. 由监理单位确认竣工验收是否具备条件，并办理完所有应由_____签字的签证。

3. 参与竣工验收的_____应在竣工验收报告上签字并盖单位公章。

4. 以施工图审查批准书的_____作为工程施工及质量验收的依据。

5. 竣工验收后，由验收组确定结论，并提出竣工_____。

6. 由建设单位成立竣工验收组，组织_____、_____、_____等单位进行竣工验收。

7. 工程招标通常是指需要投资建设的单位，通过_____或_____等形式邀请。

8. 工程招标也可以委托工程招标_____来进行。

9. 招标文件一般由_____或者招标_____根据招标项目的特点和需要进行编制。

10. 评标委员会由招标人的代表和有关技术、经济等方面的专家组成，成员人数为_____人以上的单数，其中技术、经济等方面的专家不得少于成员总数的_____。

11. 中标人确定后，招标人应当向中标人发出中标通知书，并同时将中标结果通知所有_____投标人。

12. 招标人和中标人应当自中标通知书发出之日起_____内，按照招标文件和中标人的投标文件订立书面合同。

13. _____个以上法人或者其他组织可以组成一个联合体，以一个投标人的身份共同投标。

14. _____是施工合同中为实施工程施工的全部工程图纸和有关文件。

15. 确定中标单位后，公开发布_____通知。

16. 招标的程序包括_____、发布_____公告或_____、_____、_____、_____和签订_____。

习题答案

参考文献

[1]　王公儒.网络综合布线系统工程技术实训教程 [M].3 版.北京：机械工业出版社，2018.

[2]　王磊，王彬.信息网络布线教程 [M].北京：北京理工大学出版社，2017.

[3]　林梦圆.网络与综合布线系统工程技术 [M].北京：北京邮电大学出版社，2014.